반야심경
제대로
공부하기

반야심경 260자에
담긴 사상을 찾아서

반야심경 제대로 공부하기

이광준 지음

운주사

머리말

『반야심경般若心經』은 깨달음을 강조하는 반야경에 있어서 공空사상의 핵심경전입니다. 『반야심경』은 공사상을 설하고 있는 600권 반야경의 사상을 추리고 추려서 간략하게 불과 260자로 설하고 있는, 반야경의 정수입니다. 불교에서 이 공사상을 중시하는 이유는, 공空이야말로 모든 법法의 근본이기 때문입니다. 이 세상 삼라만상, 지구와 우주까지도, 이 모든 현상계의 전개는 바로 이 공사상으로부터 전개된다고 하는 것입니다. 여기에서 전개된다고 하는 것이 중요한 것이지요. 그 전개는 인연에 의한 전개이고, 이 인연에 의한 공의 전개는 그냥 형용사격인 '공하다'고 하는 공(śūnya)이 아니라 모든 전개 가능성이 있는 공성(空性, śūnyatā)에 의한 전개라고 하는 것입니다. 공(0)으로부터 1, 2, 3, 4…로 전개되듯이 말이죠. 그러므로 공은 즉 색(色; 물질)이 되는 것입니다.

그럼에도 불구하고 필자는 많은 사람들과 접하면서, 이 공사상에 대한 이해가 부족하여 공사상은 난해하고 무無와 같은 것이 아닌가?라든지, 현상계가 허망하고 인생이 무상無常한 것을 말하는 불교는 허무주의가 아닌가?라고 하는 식으로 잘못 이해하고 있는 것이 아닌가 하는 의구심이 들 때가 많이 있었습니다. 그러나 이 『반야심경』은 불교에서는 아침저녁으로 부처님께 예불을 올릴 때나 기도할 때, 축하할 때, 제사지낼 때, 어느 한 곳 빠짐없이 인용되고 있는 진실불허眞實不虛한 경전입니다. 왜냐하면 공사상은 불교의 근본이자 삼라만상의 근본이고, 인생의 근본자리이자 성불을 위한 깨달음의 원천적인 문제이기 때문입니다.

인생을 마치고 돌아갈 때도 공空으로 돌아가지요. 그리고 다시 태어날 때도 '공성空性의 것'이기 때문에 인연 따라 공으로부터 다시 올 수가 있는 것입니다. 다만 그 모습이 변하는 것은 질량과 에너지의 쓰임이 변화하는 것뿐이라고 보는 것이고요. 그러므로 그 공空 속에는 눈에 보이지 않는 우리 인생과 삼라만상이 전개될 수 있는 종자와 무진장한 재료들이 내재되어 있는 것입니다.

특히 이 『반야심경』에는 잡다한 견해나 번뇌에 의해 여러 가지 업業을 짓고 그 과보를 받아 육도六道 등의 여러 가지 세계에 태어나는 범부(凡夫, prthag-jana)의 경계인 오온·십이처·십팔계, 즉 삼과三科 사상이나 붓다의 가르침에 따라 수행하지만 자기의 해탈만을 목적으로 하는 성문(聲聞, śrāvaka)의 행인 사성제 사상, 붓다의 가르침보다는 스스로 도를 깨닫고 적정을 즐기는 연각(緣覺, pratyeka-buddha)의 행인 연멸緣滅 사상, 위없는 깨달음을 구하고 중생을 이익케 하며 성불하려고 하는 보살(菩薩, bodhi-sattva)의 행인 육바라밀 사상도 모두 설하고 있습니다. 그리고 이러한 사상들이 공(空, śūnya)사상으로부터 전개되고 있다고 하는 것을 설하는 것입니다. 결론은 범부를 비롯한 성문·연각·보살의 세계가 '공성(空性, śūnyatā)의 것'이라는 것을 설하면서 이어서 반야 체험의 경지를 설하고, 궁극적으로는 저 피안彼岸의 니르바나 세계를 설하고 있는 것입니다.

그러면 모두 공인데 무엇이 반야 체험을 하겠습니까? 그것이 바로 부처의 종자입니다. 그 종자가 눈에도 보이지 않고 전자현미경으로도 볼 수도 없는 과거생의 업력業力을 지니고 있어 현재 인생의 영고성쇠를 좌우하고 있다고 보는 것입니다. 그것이 불성·진여·여래장·일미온 등등 시대에 따라 명칭도 많습니다만, 요는 생명체의 종자라고 하는 것이지요. 그렇기 때문에 이 공空은 연기론과 떼어 놓고 생각할 수가 없는 것입니다. 공이 즉 연기로 전개되는 것이거든요. 반야경에서는 이 종자식種子識이 생략되고 있는 것입니다. 화두로 남겨두고 있는 것이지요. 거대한 한 송이의 수행체계인 것입니다.

　그러므로 이러한 모습을 깨닫는 것이 중요합니다. 반야바라밀이라고 하지요. 완전한 깨달음, 주제가 반야바라밀인 것입니다. "무릇 형상이 있는 것은 모두 허망한 것이고, 만약 모든 형상이 진실상이 아닌 것임을 본다면 즉 본래의 부처를 보게 될 것입니다(凡所有相 皆是虛妄 若見諸相非相 卽見如來)."

　그러나 『반야심경』에서는 범부를 비롯한 연각·성문·보살의 깨달음의 과정에 대한 설명도 전부 생략되고 있습니다. 다만 대보살의 반야바라밀만 내세우고 있을 뿐입니다. 그리고 이 『반야심경』은 600권의 반야부 경전의 사상을 간추리고 간추려서 문장을 생략하고 글자를 생략하다 보니 전체적인 사상 체계를 이해하지 않으면 이해하기 쉽지 않은 부분도 있습니다. 그래서 필자는 보다 이해를 돕기 위해 반야부 경전의 소품과 대품의 사상적인 근거를 중심으로 해설을 해 나가되, 각 항목마다 사상적인 체계를 더 첨부해 설명하기로 했습니다. 그리하여 우리는 『반야심경』의 사상적인 의미를 보다 확실하게 이해할 수가 있을 것입니다.

　돌아보건대 필자는 『반야심경』에 대한 강연법회와 몇몇 곳에서 교양강좌를 하면서 누구라도 이 『반야심경』 정도는 이해할 수 있으면 좋겠다고 생각을 하고, 간단하게 "반야심경 해설"이라는 책자를 내고 싶어 원고를 작성하기 시작한 지가 십년은 넘는 것 같습니다. 그러나 이러저러한 사정으로 덮어둔 채로 있다가 최근에 들어서야 『붓다의 법담학 연구』 책자를 출판하면서 원고를 다시 가다듬고 내용을 보충하여 "반야심경 제대로 공부하기"라는 제목을 정했습니다.

원컨대 범부의 인간으로부터 연각·성문·보살의 위치까지 공성空性의 세계에서 헤매는 미혹의 세계를 벗어나 붓다의 세계라고 하는 불국정토의 세계를 그리는 이 『반야심경』을 잘 이해해 주시기를 기원합니다. 그리고 우리 인생을 이해하고 성불의 길을 가시는 데 조금이나마 도움이 되기를 빌어마지않는 마음으로 필자는 이 글을 씁니다.

2021년 4월에

이광준 합장

개경게 開經偈

無上甚深微妙法 더없이 심히 깊은 미묘한 법
百千萬劫難遭遇 백천만겁의 오랜 세월에도 만나기 어려워라
我今聞見得受持 제가 이제 그 법을 듣고 보고 얻어 지니오니
願解如來眞實義 원컨대 여래의 진실한 뜻을 알아지이다.

『반야심경』 해제

Ⅲ. 대보살의 반야바라밀 • 135

『반야심경』 해제

1. 『반야심경』이란

『반야심경般若心經』(Prajñā-pāramitā-hṛdaya-sūtra, Mahā-prajñāpāramitā- hṛdaya-sūtra)은 범어 원본에 대본大本과 소본小本의 두 가지가 있고, 한역본은 모두 일곱 가지가 있는데, 보통 『반야심경』이라고 하면 당나라의 현장玄奘이 649년(정관 23)에 한역한 것을 일컫습니다. 600여 권에 달하는 『대반야경』의 본래 이름은 『마하반야바라밀다경』이고, 이 『반야심경』은 이름 그대로 『대반야경』에 수록된 내용을 짧은 문장으로 요약한 글로서, 간결하면서도 깊은 내용을 담고 있기 때문에 반야부의 사상을 이해하는 데 중요한 역할을 합니다. 범본의 대본은 광본廣本, 후자는 약본略本이라고 하는데, 대본과 소본의 내용은 큰 차이가 없지만, 대본에는 소본에 해당하는 부분 앞뒤에 서분序分과 유통분流通分이 있습니다. 범본 중 소본은 오직 일본의 법륭사法隆寺에만 그 사본이 전해지는데, 법륭사의 사본을 근거로 하여 일본에서는 약 여섯 가지의 사본이 만들어지고, 이것이 현존하는 유일한 범어 소본의 원전입니다.

한편 영국의 고고학자 스타인(Stein, Mark Aurel)이 돈황석굴에서 소본을 한자로 음역한 것을 발견하였는데, 제목은 『당범번대자음반야바라밀다심경唐梵翻對字音般若波羅蜜多心經』이며, 그 원본은 현재 대영박물관에 소장되어 있다고 합니다. 대본도 847년 당나라에서 일본의 혜운慧運이 귀국하면서 가지고 들어가 고야산高野山 정지원正智院에 소장했던 것이 현재 사본의 형태로 장곡사長谷寺에 보존되어 있다고 합니다. 그리고 1864년 영국의 불교학자 사무엘(Samuel, Beal)이 현장이 한역한 『반야심경』의 영역본을 출판하였습니다. 현장의 『반야심경』은 1권으로 소본을 한역한 것인데, 제목을 통해 본경의 내용을 분석해 보면 다음과 같습니다.

"프라즈냐(prajñā)는 반야라고 음사하고 지혜智慧라고 한역한다. 무명無明에 의해 생겨난 온갖 종류의 분별심, 그리고 그에 의해 생겨난 판단과 사유 등을 모두 제거한 상태에서 나타나는 근원적 지혜를 가리킨다. 지혜는 미혹의 세계에서 깨달음의 세계로 나아가게 하는 결정적 계기가 된다. 파라미타(pāramitā)는 바라밀다라고 음사하고, 도피안到彼岸 또는 도무극度無極 등으로 한역한다. 생사윤회의 이 언덕에서 열반이라는 저 언덕에 도달한다는 뜻이고, 또 완전히 도달한다는 뜻 등이 있다. 반야바라밀은 합쳐서 지혜의 완성 또는 지혜를 통해 저 언덕에 도달한다는 것 등의 뜻이다. 흐릐다야(hṛdaya)는 심心으로 한역하고, 본심·골자·핵심이라는 뜻으로 가장 중요한 것을 가리킨다. 본 경전이 모든 경전의 핵심이라는 점을 강조한 것이다. 수트라(sūtra)는 경經으로 한역한다. 성인이 설한 불변의 진리를 기록한 책이라는 뜻이다."

즉 반야에 의해 모든 번뇌로부터 벗어난 세계인 저쪽 도피안의 경계에 이르게 하는 중요한 가르침을 설한 경전임을 알수 있습니다.

2.『반야심경』의 내용

내용은 관자재보살이 사리불을 상대로 하여 반야공의 이치를 설하면서 반야바라밀에 의지하여 열반, 즉 성불에 이르는 길을 밝히는 것입니다. 먼저 유명한 색즉시공色即是空, 공즉시색空即是色이라는 명제를 설합니다. 색즉시공이란, 색은 물질적 현상으로 존재하는 모든 것을 통틀어서 일컫는 말이고, 이 모든 것은 자성적 실체가 없기 때문에 공이라는 것을 말합니다. 여기에서 자성적 실체가 없다고 할 때의 자성(自性, svabhāva)이란 영어로 표기할 때는 Own being으로 표기하는데, 이것은 자기동일성·독립자존성의 뜻이고, 이러한 자성이 없기 때문에(無自性) 모든 사물은 인연에 의해서 생성된다고 하는 것입니다. 그리고 공즉시색이란, 색이 비록 공이지만 그것이 아무것도 없는 허무적 상태를 의미하는 것이 아니라, 공성空性에 의해 비로소 색이 그 존재성을 부여받음을 의미합니다. 이것을 『바라밀경』 [1]에서는 그냥 공이 아니라 공성空性으로부터 전개된다고 말합니다. 자성적 실체가 없기 때문에 모든 존재는 인연에 의해서 비로소 존재할 수 있게 된다고 하는 것이지요.

인간을 중심으로 설명하는 『반야심경』은 인간을 구성하는 다섯 가지 요소, 곧 오온五蘊 중 하나인 색色에 대한 해명에 근거하여 나머지 네 가지 요소인 수受·상想·행行·식識도 또한 공이면서 동시에 허무적 존재와는 차원이 다른 것임을 설합니다. 그러나 자성적 실체가 없는 모든 존재의 근본인 공성은 생겨나는 것도 아니고 멸하는 것도 아니며, 더러운 것도 아니고 깨끗한 것도 아니며, 늘어나는 것도 아니고 줄어드는 것도 아니라는 것을 설합니다.

이 밖에 감각기관인 안이비설신의眼耳鼻舌身意 등의 육근六根, 그 대상경계인 색성향미촉법色聲香味觸法 등의 육경六境, 감각기관과 대상경계의 접촉에 의해서 생겨나는 인식으로서의 안식·이식·비식·설식·신식·의식 등의 육식六識, 무명無明에서부터 생로병사에 이르는 십이연기十二緣起, 고통으로부터 벗어나 해탈의 경계에 이르는 과정을 설한 고집멸도苦集滅道의 사제四諦 등이 모두 공성의 것이라고 설합니다. 그것들은 다만 공성으로부터 인연에 의해 나타난 현상이라고 하는 것이지요.

그러나 보살은 반야바라밀에 의한 지혜의 완성으로 이러한 진리를 깨우쳐서 이 모든 것에 대해 집착하지 않고, 얽매임이 없기 때문에 두려움이 없고 몽상夢想을 떠나 열반에 든다고 설합니다. 이어서 삼세의 모든 부처님도 모두 이러한 지혜의 완성으로 깨달음을 얻었음을 설합니다. 마지막으로 지혜의 완성을 이루고자 하는 진언을 설하였으니 "가테가테 파라가테 파라상가테 보디 스바하(gate gate pāragate pārasaṁgate bodhi svāhā)"이며, 이 진언은 지혜의 완성을 통해 생사윤회의 세계에서 완전한 열반의 세계, 붓다의 세계로 건너가도록 하는『반야심경』의 취지를 분명히 드러내고 있는 것입니다.

3. 한역 경전

『반야심경』의 한역 경전은 현장 역본을 포함해 모두 일곱 가지가 있습니다. 이들을 한역 순서대로 나열하면 다음과 같습니다. ①『마하반야바라밀대명주경摩訶般若波羅蜜大明呪經』: 후진後秦의 구마라집鳩摩羅什이 404년 한역(『마하대명주경』·『대명주경』이라고도 함), ②『반야바라밀다심경』: 현장이 한역, ③『보변지장반야바라밀다심경普遍智藏般若波羅蜜多心經』: 738년(개원 26) 법월法月이 한역, ④『반야바라밀다심경』: 790년(정원 6) 당나라 반야般若와 이언利言이 함께 한역, ⑤『반야바라밀다심경』: 859년(대중 13)에 지혜륜智慧輪이 한역, ⑥『반야바라밀다심경』: 당나라 때 법성法成이 한역, ⑦『성불모반야바라밀다경聖佛母般若波羅蜜多經』: 송나라 때 시호施護가 982년(태평흥국 7)에 한역한 것 등입니다.

4. 주석서

이 한역본의 주석서는 중국에 모두 77부가 있는데, 이 중 규기窺基의『반야바라밀다심경유찬般若波羅蜜多心經幽贊』 2권은『반야심경유찬』이라고도 하고, 현장 역본에 대한 최초의 주석서로 법상종의 입장에서『반야심경』을 해석하였습니다. 이에 3, 4편을 소개하면 다음과 같습니다.

(1)『반야바라밀다심경약소般若波羅蜜多心經略疏』

현장玄奘이 한역한『반야심경』에 대한 주석서입니다. 당나라 때 법장法藏이 지은 1권으로, 모두 다섯 부분으로 나누어 서술하였습니다. 첫째 교흥敎興, 둘째 장섭藏攝, 셋째 종취宗趣, 넷째 석제釋題, 다섯째 해문解文입니다.

첫째, 교흥은 설법의 동기를 서술한 것으로, ①외도의 삿된 견해를 파척하기 위해서, ②이승인二乘人을 대승으로 회향하게 하기 위해서, ③보살을 공空에 미혹되지 않게 하기 위해서, ④이제중도二諦中道를 깨닫게 하기 위해서, ⑤부처님의 빼어난 덕을 드러내기 위해서, ⑥대보리심을 발하도록 하기 위해서, ⑦보살로 하여금 깊고 넓은 수행을 하도록 하기 위해서, ⑧일체의 무거운 장애를 끊도록 하기 위해서, ⑨열반의 과과를 얻게 하기 위해서, ⑩후대에 이르러 중생을 이익되게 하기 위해서임을 밝혔습니다.

둘째, 장섭에서는 "삼장(三藏: 경장·율장·논장)의 경장經藏, 이장(성문장 또는 소승교와 보살장 또는 대승교)의 보살장, 권실이교權實二敎의 실교實敎에 포섭된다"라고 서술하였습니다.

셋째, 종취에서는 "말로 나타내는 것을 종宗이라 하고, 종이 귀착되는 것을 취趣라 한다. 총괄적으로 삼종반야三種般若를 종으로 삼는다. ①실상은 관찰하는 대상으로서의 진성眞性이고, ②관조는 능히 관찰하는 오묘한 지혜이며, ③문자는 위의 가르침을 언어로 나타낸다"라고 하였습니다.

넷째, 석제에서는 교의敎義와 법유法喩와 체용體用 등에 따라서 경전의 이름을 풀이하였습니다. 예를 들면, "반야는 체體이고 한역어는 지혜이다. 곧 신령스럽게 그윽한 경지를 깨닫고 오묘하게 진실한 근원을 증득한다. 바라밀다는 용用이요 한역어는 도피안이다. 곧 이러한 오묘한 지혜로 말미암아 생사의 허물을 뒤집어 없애고 궁극적 경지인 진공眞空의 세계에 도달한다"라고 하였습니다.

다섯째, 해문에서는 본문을 두 단으로 나누어 '관자재보살'에서 '능제일체고진실불허能除─切苦眞實不虛'까지를 현료반야顯了般若라고 하였고, '고설반야바라밀다주故說般若波羅蜜多呪' 이하를 비밀반야秘密般若를 설한 것이라고 해석하였습니다.

(2) 『반야바라밀다심경주해般若波羅蜜多心經註解』

당나라 현장玄奘이 한역한 『반야심경』(No.251)에 대한 주석서입니다. 14세기경 여이如屺가 지은 1권으로 『반야심경주해』라고도 합니다. 먼저 경의 제명題名을 풀이하고, 뒤에 이르기를 "이 경은 단법單法을 명名으로 하고, 실상實相을 체로 하며, 관조觀照를 종宗으로 하고, 도고(度苦; 고통으로부터 건져내는 것)를 용用으로 하며, 대승大乘을 교상敎相으로 한다. 이 다섯 가지는 경전에서 설한 내용이다. 단법은 반야바라밀다이고, 실상은 제법의 공상이며, 관조는 오온五蘊이 모두 공임을 비추어 보는 것이며, 도고는 일체의 모든 고액으로부터 벗어나 열반의 세

계로 건너가게 하는 것이며, 대승은 보살이 실천하는 깊은 반
야이다"라고 하였습니다. 본문의 해석은 매우 간략하고, 앞의
인용문이 본서의『반야심경』에 대한 관점을 잘 드러내고 있는
것이라 하겠습니다.

(3)『반야바라밀다심경찬般若波羅蜜多心經贊』

신라 때 원측圓測이 지은 1권으로, 현장이 번역한『반야바라
밀다심경』에 대한 주석서입니다. 이것을『반야심경소般若心經
疏』,『반야심경찬般若心經』등으로도 부릅니다. 법상유식法相唯
識의 입장에서 반야공관般若空觀을 해석한 것이지요. 모두 네
부분, 곧 ①본경을 설하게 된 인연을 밝힌 부분 ②본경의 종체
宗體를 서술한 부분 ③본경의 제목을 해석한 부분 ④경전 본
문의 문장을 풀이한 부분 등으로 나뉩니다.

　①에서는 본경은 공유空有의 두 가지 도리를 드러내어 유무
有無의 두 가지 치우침을 모두 제거하고자 하는 것을 목적으
로 한 것이라고 하고, 본경을 설한 유래를 서술하였습니다. ②
에서는『법화경』은 일승一乘을 종지로 하고,『열반경』은 불성
佛性을 종지로 하며,『화엄경』은 현성인과賢聖因果를 종지로 하
는 것에 비해, 본『반야심경』은 무상無常을 종지로 삼는다고
설하였습니다. ③에서는 본경의 갖춘 이름인『불설반야바라

밀다심경』의 의미를 상세하게 풀었습니다. 곧 "'불'이란 교법을 설하는 주체를 나타낸 것으로 각覺이라 한역한다. 진제와 속제의 지혜를 모두 갖추고 자신과 타인의 깨달음을 원만하게 성취하였기 때문에 불佛이라고 한다. '설'은 묘문妙門을 열어 중생으로 하여금 이해하게 하는 것이다. '반야바라밀다'는 설한 법을 밝힌 것이니, 지혜에 의해 피안으로 건너간다는 의미를 가진 것으로 도피안度彼岸으로 한역한다. '심경'은 문자로 드러낸 가르침을 나타내는 것이다"라고 하였습니다. ④에서는 본문을 세 단락으로 나누어서 해석하고 있습니다. '관자재보살觀自在菩薩~도일체고액度一切苦厄'까지는 관찰하는 주체의 지혜를 밝힌 것이고, '사리자舍利子~무지역무득無智亦無得'까지는 관찰의 대상이 되는 경계에 대해 서술한 것이며, '이무소득고以無所得故' 이하는 대상을 관찰함으로써 증득한 결과(果)를 드러낸 것이라고 하였습니다.

(4) 원효대사의 『반야심경복원소般若心經復元疏』 개요

원효대사元曉大師는 이 『반야바라밀다심경』을 가지고 석존 성도 후 전 생애에 걸쳐 그 최초의 성도成道로부터 그 성도의 돈각일념頓覺一念을 광대무변한 허공처럼 한없이 활용하였습니다. 그리고 다시 그것을 낱낱이 설명하여 모든 사람들이 이치에 어긋나고 도리에 밝지 못하여 망령된 무명無明에 가리어 헤매고 있는 것은 그 무엇인가 '있다'고 하는 그릇된 생각에 사로잡혀 모든 고통을 받고 있다고 보고, 이를 다음과 같이 지적하고 있습니다.

①그 '있다', '없다'고 하는 것은 우리들의 운명 같은 것이 어떠한 것이었으며 장래에 어찌될 것인가 하는 숙명론宿命論적인 것을 잘못 인정하거나, ②우리들의 숙명론 같은 것이 어떠하고 다시 그것이 어찌되든 그와 같은 것은 전혀 아랑곳없이 다만 현재의 방자한 행위가 있을 뿐인 허무한 절망관絶望觀에 빠져 있음을 구하고, ③다시 '있다', '없다'고 하는 것을 모두 인정한다면 그 자신의 관념 안에서 서로 충돌이 생기는 우치愚癡한 생각에 빠질 것이고, ④이 두 가지를 다 아니라고 부정하면 상위쌍부相違雙負의 모순에 빠지고 말게 되는 이 무명 가운데에서 헤매는 인생의 가없은 모습을 스스로 알고 또한 모든 사람들에게 이 밝은 도리를 알려주려고 하는 것이다. -觀自在菩薩 行深般若 波羅蜜多時 照見 五蘊皆空 度一切苦厄-

그리고 그 참된 이치라는 것은 지은 바를 스스로 말하되 다시 몸을 받지 않을 것(所作己辨 不受更有)이며, 극락정토의 변계를 여의는 유와 무의 중도(離邊處中 有無中道)의 요령을 밝히면서, 또한 그 중도를 꾀하는 것도 그 밝은 도리의 행동이 못 된다는 것을 말하고 있다. 그것을 구체적으로 설명하기 위하여, 먼저 우리 인생의 안팎에 있는 모든 것에서 가장 쉽게 알 수 있는 것으로 물질적인 것과 심리적인 것을 오온五蘊·십이처十二處·십팔계十八界라 하여 인생 현실의 인식문제를 분석 설명하고 위에서 말한 4가지의 그릇된 곳에 빠져 있어서는 안 된다는 것을 말하고 있다. ─舍利子 色不異空 空不異色 色卽是空 空卽是色 受想行識 亦復如是 舍利子 是諸法 空相 …… 無眼界乃至 無意識界─

그리고 그곳에는 우리 인생으로서 가장 밝은 도리를 중생들에게 알려야 하는 것과, 그 도리를 알리기 위하여 설명하는 데에는 스스로 고집멸도苦集滅道라고 하는 네 가지의 양식을 가지고 모든 중생들을 교화한 것이다. ─無無明亦無無明盡乃至無老死亦無老死盡 無苦集滅道─

다시 그 도리의 이상을 현실사회에 구현하는 데 있어서는 보리살타菩提薩埵의 육바라밀행을 말하는 '무지역무득無智亦無得'인데, 이것은 중도中道에 대한 무상無相의 도리를 설명한 것이라 할 것이다.

그 다음으로 이 정각正覺의 대자대비의 실행, 다시 말해서 반야바라밀다라는 것은 밝고 바르고 사이좋게 한다는 것으로, 이것은 대장부로서 어떠한 일에도 잘 감내할 수 있으며 결코

허둥지둥 헤매지 않고 어떠한 난관에서도 벗어난 영원불멸의 대생명인 것을 말하고 있다. -以無所得故 菩提薩埵 依般若波羅蜜多故 心無罣碍 無罣碍故 無有恐怖 遠離顚倒夢想 究竟涅槃 三世諸佛 依般若波羅蜜多故 得阿耨多羅三藐三菩提-

그리고 이와 같은 큰 확신은 참된 역사적 사명인 정명正命의 생활을 4가지로써 설명하고 있다. 그 첫째는 그 자신의 완성이고, 둘째는 그 자신의 완성이 밝은 덕德을 가지게 된 것이며, 이 두 가지로써 다시 원만한 노력과 그 행적이 평등하고 차별성이 없는 것이므로 능히 우주 창생을 위하여 무연無緣의 자비행으로써 그 모든 시름을 없애고 알뜰한 이익을 얻게 한다. -故知般若波羅蜜多 是大神呪 是大明呪 是無上呪 是無等等呪 能除一切苦 眞實不虛-

이에 석존께서는 이 반야바라밀다의 대자대비행을 하셨으니, 이것은 안으로는 덕을 갖추지 않음이 없고, 밖으로는 모든 고액苦厄을 없애지 않음이 없으므로 그 성스러운 뜻에서 이 진리를 설하신 것이다. 여래께서 이미 한 몸의 대비大悲인 것은 반야의 큰 진리를 체득하고 일체의 존재를, 그들 자신을 구체적인 내용으로서 총섭한 대지혜의 광명과 그 광명에 비추어져 필연적으로 이루어지는 자체관自體觀으로부터 자기를 사랑함과 같이 다른 모든 것을 평등하게 어여삐 여기고, 남의 비悲를 자신의 비悲로서 체득한 것이다. 그 모든 공덕을 가진 진언眞言 중의 핵심적인 주문呪文인즉, "갖은 애를 겪은 뒤에 이곳에 이르렀네, 이른 이곳에서 두루 밝게 살펴보니, 이곳이 바로 원만법계圓滿法界로다. 이와 같이 좋은 곳을 너도 나도 할 것 없이, 불도佛道를 성취하여 모두들 와야 하네."-故說般若波羅蜜多呪 卽說呪曰 揭諦揭諦 波羅揭諦 波羅僧揭諦 菩提薩婆訶-

이와 같이 석존께서 큰 도道를 성취하고 그 참되고 또한 깊고 넓은 그 내용을 잘 깨달아서 그것을 큰 자비로 행하시어 이룩하신 그 모든 사적이 빠짐없이 적혀 있는 경이 곧 이『반야심경』이라고 말합니다.

(崔凡述,『元曉大師般若心經復元疏』, 多率寺, 1972에 의함)

5.『반야심경』한문 및 한글 번역

(1) 한문 원문

○ 摩訶般若波羅蜜多心經

觀自在菩薩, 行深般若波羅蜜多時, 照見, 五蘊皆空, 度一切苦厄. 舍利子, 色不異空, 空不異色, 色卽是空, 空卽是色, 受想行識, 亦復如是. 舍利子, 是諸法空相, 不生不滅, 不垢不淨, 不增不減. 是故空中無色, 無受想行識, 無眼耳鼻舌身意, 無色聲香味觸法, 無眼界乃至無意識界. 無無明, 亦無無明盡, 乃至無老

死, 亦無老死盡. 無苦集滅道, 無智亦無得, 以無所得故. 菩提薩
埵, 依般若波羅蜜多故, 心無罣碍, 無罣碍故, 無有恐怖, 遠離顛
倒夢想, 究竟涅槃. 三世諸佛, 依般若波羅蜜多故, 得阿耨多羅
三藐三菩提, 故知般若波羅蜜多, 是大神呪, 是大明呪, 是無上
呪, 是無等等呪, 能除一切苦, 眞實不虛, 故說般若波羅蜜多呪,
卽說呪曰.

羯諦羯諦 波羅羯諦 波羅僧羯諦 菩提娑婆訶.

○ 마하반야바라밀다심경

관자재보살, 행심반야바라밀다시, 조견, 오온개공, 도일체고
액. 사리자, 색불이공, 공불이색, 색즉시공, 공즉시색, 수상행
식, 역부여시. 사리자, 시제법공상, 불생불멸, 불구부정, 부증
불감, 시고공중무색, 무수상행식, 무안이비설신의, 무색성향
미촉법, 무안계내지무의식계, 무무명, 역무무명진, 내지무노
사, 역무노사진, 무고집멸도, 무지역무득, 이무소득고, 보리살
타, 의반야바라밀다고, 심무가애, 무가애고, 무유공포, 원리전
도몽상, 구경열반, 삼세제불, 의반야바라밀다고, 득아뇩다라
삼먁삼보리, 고지반야바라밀다. 시대신주, 시대명주, 시무상
주, 시무등등주, 능제일체고, 진실불허, 고설반야바라밀다주,
즉설주왈,

아제아제 바라아제 바라승아제 모지사바하.

(2) 한글 번역 (필자)

관자재보살께서 깊은 반야바라밀다의 수행을 하실 때

인생을 관조해 보았더니 오온은 모두가 공성의 것이었느니라.

일체고액으로부터 벗어나야 하느니라. 사리자여!

색은 공과 다르지 않고, 공은 색과 다르지 않은 것이니라.

색이 즉 공이고 공이 즉 색이며, 수행행식 또한 그러하니라.

사리자여, 모든 법은 공상으로 생하는 것도 아니고 멸하는 것
도 아니며,

더러운 것도 아니고 깨끗한 것도 아니며, 더해지는 것도 아니
고 덜해지는 것도 아니니라.

그러므로 공상 가운데는 색도 없고 수상행식도 없는 것이며,

안이비설신의의 육근과 색성향미촉법의 육경도 없는 것이고,

안이비설신의의 육식도 없는 것이니라.

무명無明도 없는 것이고, 무명이 다하는 것도 없는 것이며,

내지 노사老死도 없는 것이고, 노사가 다하는 것도 없는 것이
니라.

고집멸도도 없는 것이고, 지혜와 그 지혜를 얻을 것도 없는 것
이며,

그것들은 얻을 것도 없는 것이기에

보살은 다만 반야바라밀다에 의지할 뿐이니라.

그로 인해 마음에는 걸림이 없고, 걸림이 없으므로 두려움이
없으며,

전도된 몽상으로부터 벗어나 마침내 열반에 이르는 것이니라.

삼세제불도 이 반야바라밀다에 의지했기 때문에

아뇩다라삼먁삼보리라고 하는 등정각을 이루셨나니,

그러므로 알라.

이 반야바라밀은 크나큰 불가사의한 주문이며,

지혜의 주문이고, 위없는 주문이며, 비할 데 없는 주문으로서
능히 온갖 괴로움을 없애는 진실된 것이지 헛된 것이 아니
니라.

이에 반야바라밀다의 주문을 설하리라.

가테가테 파라가테 파라삼가테 보디 스바하(3번)

반야심경 해설

般若波羅蜜多心經

唐三藏法師玄奘

觀自在菩薩行深般若波羅蜜
照見五蘊皆空度一切苦厄舍
色不異空空不異色色即是空
是色受想行識亦復如是舍利
空相不生不滅不垢不淨
空中無色无受想行識
是故空中無色无受想行
眼界乃至無意識界无無明亦
明盡乃至无老死亦無老死盡
集滅道無智亦无得以無所得
提薩埵依般若波羅蜜多故心
尋无罣导故無有恐怖遠離顛
想究竟涅槃三世諸佛依般若

Ⅰ. 경명 및 개요

1. 경의 이름: 마하반야바라밀다심경

○마하(摩訶, mahā)란 범어로 크다(大), 많다(多), 뛰어나다(勝)라고 하는 의미입니다. 대소大小의 개념을 벗어난, 한없이 크고 뛰어난 것을 뜻합니다. 그런데 이 마하摩訶는 현장 번역에는 없고 구마라즙(344~413년) 번역에 있었으나, 후대에 보통 현장 역에도 붙여 쓰고 있습니다.

○반야(般若, prajñā)는 지혜라고 하는 뜻으로, 예로부터 지智는 마음의 체體이고, 혜慧는 마음의 용用이라고 했습니다. 지智라고 하는 경우에는 우리들의 마음의 주체·본체를 가리키고, 혜慧라고 하는 경우에는 마음의 작용·기능을 가리킵니다. 반야, 이것은 인간이 자신의 내부에 본래 지니고 있는 진실한 생명에 눈을 떴을 때 나타나는 근원적인 예지를 가리킵니다. 그러

나 여기에서 프라즈냐, 즉 반야般若라고 하는 것은 일체의 분별지分別知를 벗어나 있다는 의미입니다. 분별지는 대상을 분절시켜서 대상에 대한 부분적 이해를 갖게 하고 이로써 대상 전체를 보는 눈을 상실하게 만듭니다. 그러나 반야란 어느 것에도 자신의 지혜를 가두어 두지 않음으로써 모든 것을 다 알 수 있는 자유를 획득하는 것입니다. 후진後秦의 승조(僧肇, 384~414)는 반야계 경전에 나오는 '반야무지般若無知'라는 용어의 의미를 정확히 밝히고 있습니다. 그가 지은 『조론肇論』의 네 가지 논서 중 405년에 찬술한 『반야무지론』에서 다음과 같이 논하고 있습니다.

　"『방광반야경』에서 말하였다. '반야는 있는 모습이 없고 생멸하는 모습도 없다.' 『도행반야경』에서 말하였다. '반야는 알 대상도 없고 볼 대상도 없다.' 이것은 지혜가 관조의 작용을 일으키는 것을 밝힌 것이다. 그러면 '모습도 없고 앎도 없다'라고 한 것은 무슨 뜻인가. 진실로 차별적인 상相이 없는 앎과 분별적 지혜가 아닌 것의 비춤이 있다는 것이 분명하다. 왜 그런가. 무릇 아는 대상이 있다면 알지 못하는 대상이 있게 된다. 성인의 마음은 아는 대상이 없기 때문에 알지 못하는 대상도 없다. 알지 못하는 가운데 아는 것이니 이를 일체지一切知라고 한다. 그러므로 경에 말하기를 '성인의 마음은 아는 바도 없고 알지 못하는 바도 없다'라고 한 것이다."

또 『인왕호국반야바라밀다경소』에 이르기를 "'심히 깊은 반야'란 바른 지혜(正智)를 말한다. '아는 것이 없다는 것'은 분별하는 지식이 없기 때문이다. '보는 것이 없다'는 것은 추구하지 않기 때문이다. '행함이 없다'는 것은 지혜가 진여의 세계에 그윽하게 부합했기 때문이다. '반연함도 없다'는 것은 상相에 반연하지 않기 때문이다. '버림도 없다'는 것은 쉽게 벗어나지 않기 때문이다. '받아들임도 없다'는 것은 외부대상에 대한 감수작용이 없다는 것이다. 이 여섯 가지 뜻은 바른 지혜를 갖춘 것이다"라고 설합니다.

이러한 반야에는 삼종반야三種般若, 즉 실상반야實相般若·관조반야觀照般若·문자반야文字般若 등 세 가지 반야가 있고, 이것은 원만하게 성취한 대각大覺으로서의 반야를 세 가지로 분류한 것입니다. 실상반야란 중생에게 본래 구비된 반야의 실성實性, 관조반야란 실상을 관조하는 지혜의 작용, 문자반야란 방편반야라고도 하며 문자라는 수단에 의지하여 아는 반야를 말합니다. 『법문명의집』에 이르기를 "삼종반야: 첫째는 실상반야, 둘째는 관조반야, 셋째는 문자반야 등이다. 실상반야는 이치를 본체로 삼는다. 허망한 속성이 전혀 없는 본체를 가리켜 '실'이라 하고, 본체를 각인하여 겉으로 드러내는 것을 '상'

이라 한다. 또한 일정한 상에 속박되지 않는 무상無相을 상으로 삼는다고 할 수도 있다. 관조반야는 지혜를 본체로 삼는다. 본체는 반야이고, 관조는 작용이며, 이 본체와 작용을 합하여 말하기 때문에 관조반야라 한다. 문자반야는 음성과 언교言敎로 제기하는 설명을 본체로 삼는다. 문자는 반야가 아닌데 어째서 반야라 하는가? 반야에는 첫째 능동적으로 일으키는 반야, 둘째 말로 설명하는 반야가 있다. 원인 속에서 결과를 설명해 보이므로 반야를 세운다"라고 하고, 『인왕경소』에서는 "이 경은 삼종반야를 종지로 삼는다. 관조대상인 공空의 이치가 실상이고, 증득하는 주체로서의 지혜는 관조이며, 성스러운 교설을 설명하는 수단은 문자로써 한다"라고 하였습니다.

○바라밀다(波羅蜜多, Pāramitā)라고 하는 것은 줄여서 바라밀이라 하고, 도피안到彼岸이라는 뜻입니다. 인간이 미혹된 마음으로 태어나고 죽고 하는 이 세상을 차안此岸이라고 하고, 진리를 깨달아 생사의 경계를 떠난 극락정토를 피안彼岸이라고 하는데, 여기에 도피안이란 생사의 세계를 여의어 깨달음의 세계인 피안에 도달한다는 의미입니다. 그러므로 반야바라밀다라고 하는 것은 도피안에 이를 수 있는 지고至高의 지혜, 지혜의 완성, 완전한 지혜를 뜻하는 것이지요. 이것은 제법의 실상

을 비추고 지혜의 열매를 궁구하여 생사의 차안을 건너 열반의 피안에 도달하고자 하는, 즉 성불하고자 하는 보살이 지녀야 할 큰 지혜를 일컫는 말입니다.

그리고 반야바라밀은 구체적으로 반야부 경전에 나타난 공空에 대한 철저한 이해, 곧 어떤 것에도 자성적 실체가 없다는 것을 아는 지혜를 의미합니다. 공에 대한 이해가 투철할 때 반야바라밀은 어떤 상도 짓지 않고 보시바라밀, 지혜바라밀 등에 침투하여 참된 의미의 보시와 지혜가 성취되도록 합니다.

그리고 이 반야바라밀은 성불할 때에 전화轉化하여 일체종지一切種智로 됩니다.『마하반야바라밀다대명주경』에 이르기를 "보살은 반야바라밀에 의해서 마음에 걸림이 없고, 걸림이 없기 때문에 두려움이 없어지며, 모든 뒤바뀌고 꿈같이 허망한 생각으로부터 생겨난 고뇌를 여의고 끝내 열반을 이룬다. 과거·현재·미래의 삼세 모든 부처님도 반야바라밀에 의지해서 아뇩다라삼먁삼보리를 얻었다"라고 하는 것입니다. 그리고 이른바 피안행彼岸行이라고 해서 봄과 가을에 각각 7일간 불사를 하거나 기도를 하는 것은 생사의 세계를 여의어 불생불멸의 극락정토의 피안에 이르기를 원하는 기도인 것입니다.

○심경(心經, hṛdaya-sūtra)이라고 하는 것은 중심이 되는 가장

긴요한 경이라고 하는 의미로, 인간의 신체 가운데 오장육부
어느 것이나 중요하기는 하지만 특히 심장(hṛdaya)이 가장 중
요한 것처럼, 이『반야심경』도『대반야경』6백 권 중의 심장과
같은 핵심적인 경이라고 하는 것입니다.

그러므로 이 경 제목의 뜻은 '크나큰 지고至高의 지혜로 이
세상의 중생계를 떠나 저 열반의 정토, 붓다의 세계로 가기 위
한 핵심 되는 경전'이라고 하는 뜻이 되겠습니다.

그리고 이 경의 내용은 설법자로서 관자재보살을 내세우고,
범부로부터 연각·성문·보살의 세계까지는 공성(空性, śūnyatā)
으로부터 인연법으로 말미암아 나타나게 된 일시적인 존재로
서, 그 실질은 공空의 세계라고 하는 것입니다. 그러나 대보살
의 경계에서 반야바라밀의 체험에 의해서 그 진실을 깨닫게
되어 영원한 붓다의 세계로 갈 수가 있다는 것을 설하는 것입
니다.

2. 설법자: 관자재보살

관자재보살(觀自在菩薩, Avalokiteśvara-bodhisattva)은 관음觀音보
살을 말하며, 관세음보살이라고도 합니다. 관觀은 붓다 세존의
눈으로 보듯이 모든 것을 올바로 보는 것, 자재自在는 자유롭

게 어떠한 장애도 없는 것을 의미합니다. 법장法藏은 『반야심경약소』를 짓고 이르기를 "관자재보살이란 일체를 두루 보는 주체를 말한다. 이사理事에 걸림이 없는 경지에서 자재롭게 두루 보고 통탈하므로 이러한 이름을 붙인 것이다. 또한 중생의 근기를 두루 보고 그것에 응하여 구제함이 자재하여 걸림이 없기 때문에 이러한 이름을 붙였다"라고 하였습니다.

또 관자재보살은 관세음보살을 말하지만 십일면보살十一面菩薩, 즉 십일면의 얼굴을 지닌 보살을 말하며 십일면관세음보살이라고도 합니다. 십일면은 모든 곳의 중생을 제도하여 이끄는 관세음보살의 자비심을 상징합니다. 관자재보살의 십일면의 상호를 살펴보면 『십일면신주심경의소』에 이르기를 "십일면의 구성은 이렇다. 앞 삼면의 자애로운 형상은 선한 중생을 보면서 자애로운 마음을 일으켜 대자大慈로써 즐거움을 준다. 좌측 삼면의 진노하는 얼굴은 악한 중생을 보면서 불쌍히 여기는 마음을 일으켜 대비大悲로써 괴로움을 구제한다. 흰 어금니가 위로 돌출한 우측 삼면의 얼굴은 청정한 업의 당사자들을 보고서 희유한다는 찬탄을 일으켜 불도를 닦도록 격려한다. 마지막 일면의 큰 웃음을 터뜨리는 얼굴은 선·악과 잡·예 사이에서 방황하는 중생을 보고서 쓴웃음을 지으며 악을 고치고 불도를 향하게 한다. 정수리의 부처님 얼굴은 대승을 닦고 실행하는 근기들에게 온갖 법과 궁극적인 불도를 설해 준다. 이 때문에 부처님 얼굴을 나타낸다"라고 합니다.

또 관세음에서 세음世音이란 세간 사람들의 원하는 소리, 호소하는 일이라는 뜻으로, 관세음보살은 사람들이 구하는 것에 응하여 반드시 그것을 성취시켜 주시기 때문에 세상 사람들의 소리를 관해 주시는 보살이라고 하는 것입니다. 여기에서 이러한 관자재보살을 앞에 내세운 이유는 바로 일반 범부로부터 소보살에 이르기까지 모든 사람을 피안彼岸의 세계로 인도해 주기 위한 중생구제의 사상에 있는 것이지요. 여기에서 관자재보살의 명호를『대반야경』에서 관련 내용을 찾아 간략하게 발췌해 보면, 제1권「연기품」의 내용 중에 다음과 같은 설명을 볼 수가 있습니다.

"관자재보살은 한때 부처님과 함께 왕사성의 축봉산 산정에서 큰 비구 중 천2백5십 인과 함께 계실 때의 아라한으로, 참된 자재自在를 얻어 마음과 지혜를 잘 해탈한 보살마하살이었다. 이 보살마하살은 공空과 무상無相의 경지에 머물러 이미 모든 법의 평등한 성품의 지혜인 평등성인平等性忍을 얻었으며, 4가지 걸림 없는 사무애해四無碍解를 완전히 성취하고 5가지의 신통(五神通)에 자재하게 유희하고 증득한 지혜에 퇴전함이 없었다. 모든 법문에서는 '마치 요술과 같고 아지랑이와 같으며, …… 물속의 달과 같고 허공의 꽃과 같으며, 화생化生으로 된 것과 같고 신기루와도 같아서 비록 모두가 실체가 없기는 하나 있는 듯이 나타난다'고 하는 수승한 지해智解로서 관찰을 하니, 그들의 이름은 관자재보살마하살, 득대세보살마하살, 자씨보살마하살 등등이었다. 이와 같은 한량없는 백천구지 나유타 보살마하살들은 모두가 법왕자法王子요 부처님 지위를 이을 만한 이들로서, 보살들의 우두머리요 대보살들이었다.”

이와 같이 볼 때, 관자재보살은 부처님께서 제자들에게 반야부 경전을 설하실 때 상대로 하셨던 사리불을 비롯한 제석환인, 수보리(선현), 미륵보살, 상제보살, 선용맹보살, 여인성불설의 주인공 강가데비 등으로, 반야부 경전으로부터 그 핵심사상을 ‘반야심경’이라고 하는 이름으로 간략히 편집을 하면서 내세운 오신통五神通의 대보살이라고 하겠습니다.

3. 청법자: 사리자

그리고 설법을 듣는 청법자로서는 대표적으로 사리불을 내세우고 있습니다. 사리불의 이름은 조금 뒤에 나오고 있지만, 이미 ‘행심반야바라밀다시’라고 하는 말은 사리불을 앞에 앉혀

놓고 "내가 반야바라밀을 위한 수행을 할 때"라고 하는 것이 지요. 이 사리불 존자는 부처님께서도 지혜제일이라고 하셨을 정도로 일체법이 공한 이치를 가장 먼저 정확하게 통달한 부처님의 제자입니다. 그러므로 많은 청중제자 중에서도 특히 사리불의 이름을 가지고 공空이라고 하는 글자의 의의를 설하게 되었던 것입니다. 그리하여 부처님을 대신하는 오신통五神通의 관자재보살은 '사리자여!'라고 부르시면서 범부들의 오온五蘊이 모두 공성空性의 것이라고 하는 것을 시작으로 연각·성문·보살의 무상無常의 경지를 거쳐 삼세제불의 등정각에 이르기까지의 일승사상一乘思想을 설하고 있는 것입니다.

4. 주제어: 공, 반야바라밀, 열반

이 용어는 본문에는 나오지 않습니다만, 『반야심경』을 설하는 주제어로서 나타나고 있는 것입니다. 이 현상계는 '공성空性의 것'이니까 반야바라밀을 수행해서 영원한 생명의 세계인 열반을 증득하여 불국정토로 건너가자고 하는 내용을 이루고 있는 것이지요. 그러면 공과 반야바라밀, 열반의 의미를 살펴보겠습니다.

(1) 공空

① 공

『반야심경』에 있어서의 공(空, śūnya)이란, 모든 존재는 시간적
으로나 공간적으로 각자의 불변적 속성이나 독립된 실체 또는
독립적 자존성自存性, 즉 자성自性이 없다는 뜻입니다. 그 무엇
이 결여되거나 빠져 있는 상태 또는 아무것도 없는 상태를 말
하는 공의 일반적인 의미가 반야경에서는 존재의 본질을 밝히
는 용어로 사용되는 것입니다. 즉 공은 모든 것이 다양한 조건
에 상호의존하기 때문에 조건의 변화에 따라 각기 변화하고,
'스스로 독립하여 존재할 수 있는 성품(自性)'이 없음을 말하는
것입니다. 이와 같이 공은 어떤 '존재가 없다'는 뜻이 아니라
그 존재의 '자성이 없다(無自性)'는 뜻입니다. 무자성은 무아無
我와 같은 맥락으로 공으로 연결되는 것이지요. 시간의 흐름
속에서 보면 변화하는 것이므로, 일정한 존재 양태의 항존성
이 없다는 뜻에서는 무상無常이라고 합니다.

『대품반야경』 권3에 이르기를 "무상이 곧 공이요, 공이 곧
무상이다"라고 하였습니다. 그러나 공은 존재의 무실체성·무
자성 등을 자각함으로써 모든 것의 배후에 있는 실체 또는 본
질에 대한 집착을 벗어나게 하는 지표가 됩니다. 공을 허무나
실체로 보는 것은 공에 대한 집착에서 발생하는 것으로 참된

공(眞空)이 아니라 무기공無記空·편공偏空·악취공惡取空 등이
라고 합니다. 이와 같이 무자성으로 설명되는 공사상의 뿌리
는 초기 불교의 연기설緣起說입니다. 연기를 무상無常·고苦·
공空·무아(無我; 또는 非我) 등으로 해석하는 것이 초기 불교의
상용 방법이지요. 『중아함경』에 그 내용이 보입니다. 즉 "이
인연으로 일어나고 인연으로 일어난 법이 무상·고·공·비아
非我임을 생각으로 되씹고 헤아리고 잘 관찰하여 분별하라"라
고 합니다. 동시에 이것을 정법(頂法; 최고 정상의 진리)이라고
규정합니다. 무상·고·공·비아 등은 하나의 연기법에 대한 다
양한 설명방식이지요. 여기에 공도 포함되는데, 결국 공의 배
경에 연기緣起가 있는 것입니다.

『대반야경』권9에 의하면, 모든 존재의 자성이 공하고, 자성
은 본래 불가득이라고 합니다. 또한 같은 책 권466에서는 오
온·십팔계·십이연기·사성제·육바라밀 등은 모두 공으로 귀
결되며, 모든 이분二分이 사라진 불이不二가 공의 뜻으로 설명
된다고 하였습니다.

반야경은 일체법이 공함을 밝힘으로써 인공(人空; 또는 我空)
과 법공法空을 모두 설한 대표적인 경전입니다. 소승불교는 인
공만을 설하나 대승불교는 인·법 2공을 설합니다. 『불성론』
에 이르기를 "불성佛性이란 인·법 2공이 완전히 실현된 진여

眞如이다"라고 합니다. 공사상의 실천적 내용은 공한 성질을 가진 내외의 모든 존재에서 자유롭게 되는 것이며, 이 자유를 방해하는 것을 집착 내지 소득으로 봅니다. 따라서 불가득不可得, 또는 무소득無所得은 공의 실천이 지향하는 궁극적인 목표가 되는 것이지요. 공은 무소득·불가득에 이르기 위한 실천사상인 것입니다.

② 공성

공성(空性, śūnyatā)이란 공의 이치 또는 공의 진리로 현상계의 모든 존재가 자성自性이 없는 무자성의 공(我空·法空)이라는 이치를 말합니다. 공성으로부터 인연법에 의해 현상계가 전개되고, 그 현상계는 무상한 것이며 공성의 것이라고 하는 것이지요. 즉 인연에 의해 무자성의 공으로 나타나게 되는 실성實性이 공성, 즉 공한 성질의 것입니다. 진여의 속성이기도 하구요. 이러한 공성의 뜻을 공의(空義, śūnyatā-artha)라 하여 월칭月稱은 연기, 청변淸辯은 공을 반연하는 지혜의 뜻이라고 하였습니다. 『반야등론석』권14에 "공은 모든 집착과 희론을 잘 적멸시킨다. 그러므로 공이라고 한다. 공의空義란 공을 반연하는 지혜를 말한다"라고 합니다. 이것은 현세의 사물을 인연에 의해 발생한 거짓 모습이라고 보는 것입니다. 『중론』권4「관사제품」에는 "공의 이치가 있으므로 일체법이 성립할 수 있다. 만약 공의 이치가 없다면 일체법도 성립할 수 없다(以有空義 一切法得成 若無空義者 一切則不成)"라고 하였습니다.

이러한 공성에 대한 지혜의 목적은 번뇌를 끊고 해탈에 이르는 것입니다. 『대반야경』 권523에 이르기를 "일체법이 공임을 관하라. 일체법은 공성의 것이니 이는 가히 얻을 수가 없는 것이다(觀一切法空 一切法空性 不可得)"라고 하고, 『대승아비달마집론』에서는 "진여를 공성이라고 하는 이유는 무엇인가. 일체의 잡염雜染이 행하여지지 않는 것이기 때문이다"라고 합니다. 그리고 『기신론별기』에서는 이르기를 "진여와 생멸의 두 문이 포괄한 이치가 다르다는 것은 다음과 같다. 비록 진여문 중에서 말한 이치는 진여라고 말은 하지만 또한 그 실체는 얻을 수가 없다. 그러나 이 또한 없는 것은 아니다. 부처님이 세상에 계시거나 계시지 않거나 간에 성상性相은 항상 머물러 있어 변이함이 없고 파괴될 수 없는 것이므로 이 진여문 중에서 진여니 실제니 하는 등의 이름을 임시로 세운 것이니, 이는 『대품반야경』 등 여러 반야계 경전에서 설명한 것과 같다"라고 하였습니다. 또한 『열반경종요』에서는 공성을 진여불성眞如佛性의 이름 중 한 가지로 들면서 "일체 모든 것을 떠난 것이기 때문에 이름하여 공성空性이라 한다"라고 설하고 있습니다.

또 『중론』 제4 「관사제품」에 이르기를 "여러 인연으로 생겨난 존재를 나는 공이라고 설한다. 왜 그런가. 여러 인연이 갖추어져 화합하여 어떤 것이 생하면 그것은 여러 인연에 소속되므로 무자성이다. 무자성無自性이므로 공이요, 공 또한 공이다"라고 합니다. 그리고 이어서 "다만 중생을 인도하기 위해서 임시적 개념(假名)으로 설하지만, 유·무 2변을 떠나므로 중도라고 이름한다"라고 하였습니다. 즉 인연으로 생겨나는 이치는 공성이고, 그 존재를 설명하는 모든 개념은 임시방편으로 정해 놓은 것이며, 세간의 편견에 물든 유·무 등의 대립적 개념으로는 이해할 수 없는 중도中道라고 하는 것입니다.

③ 공상

공상(空相, śūnyatā-lakṣaṇa)이란 존재하는 모든 것은 공의 특징을 갖는다는 뜻입니다. 모든 존재는 스스로 독립하여 성립되는 것이 아니라 다른 존재들을 조건으로 하는 이른바 인연因緣의 화합체이기 때문에 '자체의 독립적 성품이 없음(無自性)'이 특징입니다. 이것을 공상이라고 하지요. 『반야심경』의 제법諸法의 공상은 불생不生이면서 동시에 불멸不滅인 것이 공상인 것입니다. 생生·멸滅, 구구垢·정淨, 증增·감減 등 양변兩邊이 모두 부정되는 것이 중도로서의 공상입니다. 이것은 이 양변들이 서로 인연이 됨을 전제로 합니다. 생은 멸을 조건으로 하며, 멸은 생을 조건으로 하는 인연법이기 때문에 생을 생으로만 단정할 수 없고, 멸을 멸로만 단정할 수 없으므로 생이면서 불생이며, 멸이면서 불멸이 되는 것입니다. 『중변분별론』에 이르기를 "유有라고 할 수도 없고, 또한 무無라고 할 수도 없다. 무엇 때문에 유가 아니라(非有)고 하는가. 유와 무 두 가지가 본래 없기 때문이다. 무엇 때문에 무가 아니라(非無) 하는가. 두 가지가 없는 것이 가명으로 '있기' 때문이다. 그러므로 게송에서 비유비무非有非無라고 표현하였으니, 이것이 참된 공상空相이다(不可說有 不可說無 云何非有 是二無故 云何非無 是二無有故 故偈言非有非無 是名眞空相)"라고 하였습니다. 비유비무의 공상은 실상實相이지만 이는 단지 존재의 진실을 밝히는 진리에 한하지 않고 주관의 집착을 벗고 해탈을 지향하는 지표인 것입니다.

(2) 반야바라밀

반야바라밀(般若波羅蜜, prajñā-pāramitā)은 지혜의 완성, 또는 지혜를 통해 피안의 세계로 건너가는 것을 의미하고, 혜도피안慧到彼岸·지도智度·명도明度·보지도무극普智度無極 등으로 한역합니다. 제법의 실상을 비추고 모든 지혜의 끝을 다 궁구하여 생사의 차안을 건너 열반의 피안에 도달하고자 하는 보살이 지녀야 할 큰 지혜를 일컫는 말입니다. 『대반야경』 제593권 「반야바라밀다분」에 이르기를 "반야바라밀다란 이른바 묘한 지혜의 작용으로 온갖 법의 마지막인 저 언덕, 즉 니르바나에 이르게 되는 것이니 그러므로 반야바라밀다라 하느니라"라고 합니다.

'반야'는 프라즈냐(prajña)의 음사어로 지혜를 뜻합니다. '바라밀'은 파라미타(pāramitā)의 음사어로, 파라마(parama; 최상, 완전이라는 뜻)의 여성형 파라미(pārami)에 추상명사화 기능을 하는 접미사 타(tā)를 붙인 말입니다. 그 뜻은 완전·극치 등입니다. 불완전한 세계에서 벗어나 참으로 완전한 세계로 나아가기 위한 지혜라는 뜻을 지니고 있는 것입니다. 반야바라밀은 구체적으로 반야부 경전에 나타난 공空에 대한 철저한 이해, 곧 어떤 것에도 자성적 실체가 없다는 것을 아는 지혜를 의미합니다.

이러한 반야에는 2종 반야(共般若, 不共般若)가 있습니다. 공반야의 공은 공동共同의 뜻으로, 성문聲聞·연각緣覺 등의 소승 근기와 대승의 보살을 구별하지 않고 모두에게 함께 설한 가르침을 말하고, 이에 대하여 보살에게만 설한 가르침을 불공반야不共般若라고 합니다. 『대지도론』 권41에서는 "또한 반야바라밀에는 두 종류가 있다. 첫째는 성문과 보살에게 공통으로 합하여 설하는 것, 둘째는 모든 법신法身보살에게만 설하는 것이다"라고 하여 두 가지 반야를 설립하는 근거를 만들었고, 이후 여러 논서에서 이 글을 인용하여 2종 반야로 정립하였습니다.

반야는 성문·연각도 비록 얻기는 하지만, 그들은 오직 속히 열반에 나아갈 것을 추구할 뿐 지혜의 끝을 궁구하지 않기 때문에 반야바라밀을 얻지 못합니다. 오직 보살만이 마침내 이 반야바라밀에 의해 피안에 도달하니, 이것을 구족반야바라밀 具足般若波羅蜜이라고 합니다. 이 반야바라밀은 성불할 때에는 전화하여 일체종지一切種智가 된다고 합니다. 그러나 이러한 일체지·도종지道種智·일체종지에 대한 개념은 시대에 따라 약간씩 변해 가기는 합니다. 이승二乘의 지혜, 보살의 지혜, 제불의 지혜로서 말이죠.

또 『대품반야경』 권1에 이르기를 "다시 사리불이여, 보살이 보살보다 뛰어난 지위에 이르고자 하면 반야바라밀을 배워야 하고, 성문과 벽지불의 지위를 넘어서 불퇴전의 지위에 도달하고자 하면 반야바라밀을 배워야 한다. 보살이 육신통에 머물고자 하면 반야바라밀을 배워야 하고, 모든 중생의 의지가 지향하는 것을 알고자 하면 반야바라밀을 배워야 하고, 보살이 모든 성문·벽지불보다 뛰어난 지혜를 얻고자 하면 반야바라밀을 배워야 한다"라고 하였습니다.

또 반야바라밀은 보살의 명(明, vidya), 즉 보살의 지혜를 일컫는 말입니다. 명明은 지혜를 일컫는 보살명菩薩明과 근본무명을 밝히는 무명명無明明, 불안佛眼의 불명佛明이라고 하는 세 가지를 삼명三明이라고 합니다. 40권본 『대반열반경』 권18에서는 "다시 명明은 삼명三明이라고 하니, 첫째 보살의 명이고, 둘째 여러 부처님의 명이며, 셋째 무명無明의 명이다. 보살의 명이란 곧 반야바라밀이고, 모든 부처님의 명이란 불안佛眼이며, 무명의 명이란 필경공畢竟空이다"라고 하였습니다.

이러한 일체 모든 반야에는 심심深·천淺의 두 가지 뜻이 있는데, 천淺의 뜻은 실아實我의 실없는 집착이 없어진 인공반야人空般若를 말하고, 심심深의 뜻은 인연소생법의 비유非有를 관하여 사물에 대한 집착이 없어진 법공반야法空般若를 말합니다. 그러므로 지금 여기에서 말하는 관자재보살의 심반야는 인공반야를 넘어 법공반야의 바라밀행을 할 때를 말하는 것입니다. 아공我空과 법공法空이란 모든 유위법에 실체적인 주재자가 없다는 말이고, 아我가 자성(自性, svabhāva)이 없이 오온五蘊에 의해 임시적으로 구성되었다는 것은 인아공(人我空; 人無我)이라 하고, 사물 일반의 구성 요소적 존재가 항존하지 않는다는 것은 법아공(法我空; 法無我)이라 합니다. 법무아를 법공法空이라 하고, 인무아에 한정하여 아공이라는 용어를 쓰는 경우도 있지요.

(3) 열반

열반涅槃은 nirvāṇa의 음역으로 멸滅·적멸寂滅·멸도滅度·적寂이라 번역합니다. 택멸擇滅·이계離繫·해탈 등과 동의어로, 또 반열반般涅槃의 반般은 범어 pari의 음역으로 완전의 뜻이고, 원적圓寂이라 번역하며, 대반열반大般涅槃의 대大는 뛰어나다는 뜻으로 대원적大圓寂이라고도 합니다. 원래는 불어 끈다는 뜻으로 불어 끈 상태, 즉 타오르는 번뇌의 불을 멸진해서 깨달음의 지혜인 보리를 완성한 경지를 말하는 것입니다. 이것은 생사(迷의 세계)를 넘어선 깨달음의 세계로 불교의 구극적인 실천목적입니다. 그러므로 여기에 불교의 특징을 나타내는 기인(旗印; 法印)의 하나로서 열반적정을 세우게 됩니다. 그러나 소승이나 대승불교에서 각기 그 해석에 이설이 많습니다.

부파(小乘)불교에서 열반이라고 하는 것은 번뇌를 멸하여 없앤 상태라고 하고, 여기에 유여의有餘依열반과 무여의無餘依열반의 2종 열반을 세웁니다. 앞의 것은 번뇌는 끊었지만 육체('잔여殘餘의 의신依身'이 아직 있다는 의미로 '여의餘依' 또는 '여

餘'라고 한다)는 아직 잔존하는 경우, 뒤의 것은 회신멸지灰身滅智의 상태로 모든 것이 멸무滅無로 돌아간 경우를 가리킵니다. 유부有部 등에서는 열반을 하나의 본연의 자세인 실체적인 경지로 생각하고, 경량부 등에서는 열반은 번뇌가 멸한 상태에 대한 가칭적인 명칭으로 실체가 있는 것은 아니라고 합니다.

대승불교에서는 열반을 적극적인 것으로 생각하여 상常·락樂·아我·정淨의 4덕德을 갖추지 않은 소승의 열반을 유위有爲열반이라고 하는 데 대해서 이 4덕을 갖춘 열반을 무위無爲열반이라 하여 이것을 최상의 목표로 삼습니다. 죽음은 태어난 자는 모두 피할 수 없는 것이지만 열반은 생사의 시간을 벗어난 것입니다. 죽음은 윤회의 세계에 구속되어 있는 중생들에게 해당되는 말이고, 열반은 생사를 반복하는 윤회에서 자유로운 것입니다. 육신의 죽음과 열반을 구별하는 것이 『대반열반경』에도 보입니다. 『대반열반경』 권3에 이르기를 "일체의 모든 결박과 번뇌, 그리고 모든 악마의 성질을 항복시킨다. 그런 연후 대반열반을 기다려 신명을 버린다. 그러므로 이것을 대반열반이라고 한다"라고 하였습니다. 그리고 『대반열반경』 권3에서는 "대반열반은 본래부터 스스로 그것을 갖추고 있고, 모든 헤아릴 수 없는 공덕을 구족하고 있다"라고 하였습니다. 보살마하살은 대승대반열반에 머물러 있기 때문에 죽음 등의

어떠한 재앙도 보살들을 해치지 못한다고 하면서 대승대반열
반이라는 용어를 사용하고 있습니다. 40권본『대반열반경』권
12에 "보살마하살도 또한 이와 같이 대승대반열반에 안주하
면 내외의 재앙과 근심이 모두 사라진다. 그러므로 사왕死王도
미칠 수 없다"라고 하였습니다.

그런데『반야심경유찬』등에서는 사종열반四種涅槃을 다음
과 같이 제시합니다.

"첫째, 자성청정열반自性淸淨涅槃은 모든 법의 실성을 진여
의 이치로 삼는다는 뜻에 따른다. 모든 법은 비록 번뇌에 가려
져 있더라도 본래 그 자성은 청정하여 미묘한 공덕을 무수하
게 갖추고, 생성하지도 소멸하지도 않으며 허공처럼 고요한
그대로 열반과 같다는 말이다. 이는 모든 중생이 평등하게 공
유하는 것으로 모든 차별상을 벗어나 어떤 분별도 없고 언어
와 사유가 끊어진 경지이기 때문에 오로지 성인만이 내증內證
할 수 있다.

둘째, 유여열반有餘涅槃은 번뇌장이 끊어지면서 드러나는
진여의 이치를 말한다. 번뇌장이 비록 소멸했어도 여전히 오
온에 제한된 욕계의 몸에 의지하게 되므로 유여의열반이라
한다.

셋째, 무여열반無餘涅槃은 생사의 고통을 벗어나면서 드러나

는 경지를 가리킨다. 번뇌가 모두 끊어졌을 뿐만 아니라 오온의 몸도 소멸하여 유위법에 의지할 여지가 완전히 사라져 자연스러운 모든 번뇌가 영원히 소멸한 경지로 돌아간 것이다.

넷째, 무주처열반無住處涅槃이란 소지장이 끊어지면서 드러나는 이치를 말한다. 생사와 열반의 차별이 없는 깊은 지혜를 얻음으로써 양자에 대한 기쁨과 혐오가 모두 사라졌기 때문에 생사에도 머물지 않고 열반에도 머물지 않으며, 지혜와 자비를 온전히 실현할 수 있는 경지를 말한다.”

모든 중생은 본래 자성청정열반을 갖추고 있고, 이승의 무학은 번뇌를 끊었으므로 유여열반과 무여열반을 실현한 것이며, 부처님은 번뇌장과 소지장 등 두 가지 장애를 모두 끊어 없앴으므로 사종열반을 모두 갖추었다고 보는 것입니다.

『금강경찬요간정기』 권4에 이르기를 “경론에서는 열반에 대해 설한 것이 많이 있지만, 『유식론』에 설해진 것에 따르면 네 가지 열반이 있다. 첫째, 자성청정열반으로 범부와 성인이 동일하게 지닌다. 둘째, 유여의열반이니 곧 번뇌의 장애에서 벗어났으나 고통에 의지하는 몸은 남아 있는 것이다. 셋째, 무여의열반이니 몸이 생사를 벗어나 고통이 의지할 곳이 없기 때문이다. 그러나 소승에서는 회신멸지灰身滅智를 무여열반이라고 한다. 그러나 무여라고 하기에는 세 가지가 남아 있다. 첫째 번뇌가 남아 있고, 둘째 업이 남아 있으며, 셋째 계界의 과보가 남아 있다. 대승은 구경의 보배로운 경지를 무여라고 한다. 그러므로 『대지도론』에서 말했다. '사주지번뇌四住地煩惱가 다한 것을 유여의열반이라 하고, 오주지번뇌五住地煩惱가 다한 것을 무여의열반이라 한다.' 넷째 무주처열반이니 자비와 지혜를 겸비하여 생사와 열반에 머물지 않는 것이다"라고 하였습니다.

이상의 『반야심경』의 내용을 한마디로 정리하면 다음과 같이 될 것입니다.

"현상계는 공성의 것. 반야바라밀에 의지해 니르바나에 이른다."

Ⅱ. 관자재보살의 조건照見

① 관자재보살, 행심반야바라밀다시, 조견

이것은 관자재보살께서 깊은 반야바라밀다般若波羅蜜多, 즉 '크나큰 지혜의 완성을 위한 도피안의 행을 하실 때 인생을 관조해 보았더니'라고 하는 뜻입니다. 여기에서 도피안이란 고난많은 이 세상(此岸)을 건너가 저쪽 니르바나, 즉 열반의 세계(彼岸)에 이르는 것, 곧 성불을 뜻하는 것이지요. '구경열반'이라고 했거든요. 그런데 여기에서 유심히 볼 문제는 관자재보살이 조견, 즉 '관조觀照해 보았더니'라고 하는 문구입니다. 관조해 보았더니 범부는 오온이 모두 공성의 것이었고, 12처, 십팔계도 공성의 것이었으며, 연각의 십이인연도 공성의 것이었고, 성문의 사성제, 보살의 육바라밀과 삼십칠보리분법 등등도 모두가 공성이었다고 하는 것이거든요. 그러므로 보살은 반야바라밀에 의지해서 열반에 든다고 하는 것이고, 삼세제

61

불도 모두 그러하셨다고 하는 것이 이 『반야심경』의 전체적인 내용을 이루고 있는 것입니다.

따라서 관자재보살이 "조견照見, 즉 관조해 보았더니"라고 하는 과거형의 문구는 보살의 육바라밀행 내지는 삼십칠보리분법 등의 지혜를 뜻하는 지智의 '무지역무득無智亦無得 이무소득고以無所得故'까지로 보아야 하는 것이고, 지혜도 없고 또 그 지혜를 얻을 것도 없는 것이었기 때문에 '이무소득고以無所得故', 보살은 반야바라밀에 의지해서 마침내 열반에 이르고자 하는 것, 즉 성불하고자 하는 것이다. 삼세제불도 그랬었다고 대보살인 관자재보살이 현재형으로 설하고 있는 것입니다. 그 설하는 내용이 다음과 같은 것입니다.

1. 범부지凡夫地를 설함

(1) 범부란

범부지(凡夫地, pṛthagjana-bhūmi, bāla-pṛthagjana-bhūmi)의 지地란 범부의 지위, 계위, 위치, 세속적인 생활의 전반적인 모습을 가리킵니다. 여기에서 범부(凡夫, bāla-pṛthagjana)란 아직 도를 알지 못하는 '어리석은 사람'이라는 뜻으로, 이생異生이라고 한역합니다. 대승불교에서는 초지初地 이전을 범부라 하고,

십주十住·십행十行·십회향(十迴向; 三賢)을 내범이라 하고, 십신十信을 외범이라 하며, 외범 이하를 범부라 합니다. 또한 성문·연각·보살·불 등 사성四聖을 기준으로 하여 말한다면 육도에서 생사윤회하는 중생들을 모두 육범六凡이라 합니다. 곧 지옥의 중생으로부터 천계의 중생에 이르기까지 모두 이러한 범부에 속하는 것입니다. 범부가 가지고 있는 본질적 속성을 범부성凡夫性 혹은 이생성異生性이라 하고, 간략하게 범성凡性이라고도 합니다.

그리고 범부심凡夫心, 즉 범부의 마음이란 허망한 분별을 일으키는 어리석은 마음을 가리킵니다. 불심佛心과 대칭되는 말이기는 하지만, 그러나 범부심의 본래 성품은 불심과 다르지 않습니다. 『사익경』 권3에 이르기를 "또한 심성은 마치 허공과 같다. 비록 연기와 먼지, 구름과 안개 따위로 뒤덮여서 밝지도 않고 청정하지도 않더라도 그것들이 허공의 성품을 오염시키지는 못한다. 설사 오염되었다 하더라도 다시 청정해질 수 있는 것이니, 허공은 진실로 오염되지 않았기 때문에 다시 청정한 모습을 나타낼 수 있는 것이다. 범부의 마음 또한 이와 같다. 비록 삿된 억념憶念으로 여러 가지 번뇌를 일으키지만 그 심상을 오염시킬 수는 없다. 설사 오염되었다 하더라도 다시 청정해질 수 있는 것이니, 심상은 진실로 오염되지 않고 그 성품이 항상 밝고 청정하기 때문이다. 그러므로 마음은 해탈을 얻게 된다"라고 설합니다.

또 『대반열반경』 권10에서 이르기를 "마치 소가 새끼를 처음 낳았을 때는 우유와 피가 섞여 있듯이 범부의 성품이 여러 가지 번뇌로 혼잡되어 있는 것도 이와 같다"라고 설합니다. 이 말씀은 탐욕과 진에가 아직 없어지지 않은 무리들에 대하여 임시로 범부라고 이름한 것이고, 범부라고 하는 것도 이름이 범부이지 실은 범부라고 할 것도 없는 공성의 것이라는 것이지요.

또 『금강반야론회석』에 이르기를 "범어로는 바라필률탁걸나(bāla-pṛthagjana)라고 하는데, '바라'란 이 두 가지 뜻을 가리킨다. 하나는 털가죽을 지닌 짐승과 같다는 뜻이고, 다른 하나는 어리석다는 뜻이다"라고 합니다. 이 경전에서는 어리석다는 뜻을 취한 것입니다. 필률탁걸나를 한역하면 이생異生이라 하는데, 이것은 각각의 중생들이 서로 다른 업을 타고 윤회하기 때문입니다. 구역에서는 이생이란 태어나는 것을 애착하는 것이 범부이므로 범부라 한다고 하였습니다. 앞에서 어리석다는 뜻을 취하여 이러한 범부를 가리키므로 신역에서는 우부이생愚夫異生이라고 하였습니다. 범부와 이생이 어리석어서 자아의 본체가 공이라는 진실을 모른다고 하는 것입니다.

그러므로 범부로서 인간의 이 오온五蘊은 물질계와 정신계의 양면에 걸친 일체의 유위법(有爲法; 인연에 의해 생긴 것)을 나타내는 것임을 알 수 있는 것입니다. 그 구체적인 하나하나의 사물은 모두 인연(모든 조건)에 의해서 오온이 임시(假)로 모여 이루어지고 있는 것에 지나지 않습니다. 이것을 오온가화합五蘊假和合이라 하지요. 이상과 같은 오온에 대한 설은 보통 인간인 범부를 상대로 한 것입니다.

이에 『대지도론』 권52에서는 이르기를 "우리 중생들은 어느 한 부류에 속한다. 아직은 도를 얻지 못했을 때는 범부인이라 하고, 처음 입도한 시기부터 아라한에 이르기까지는 성문인이라 하며, 인연법을 관하여 공의 이치를 조금 깨닫고 중생에 대한 약간의 연민을 가지게 되면 벽지불인이라 하고, 공의 법을 깊이 깨달아 육바라밀을 행하고 대자대비를 갖추면 보살인이라 한다. 공덕이 각각 다르므로 부르는 명칭 또한 다른 것이다"라고 하는 것입니다.

(2) 오온은 공성의 것이다
② 오온개공五蘊皆空

오온의 온蘊은 범어 skandha의 번역으로 모임의 뜻입니다. 그리고 오온이란 색온色蘊·수온受蘊·상온想蘊·행온行蘊·식온識

蘊의 5가지를 이르는 것으로, 이것은 보통 사람을 말하는 범부의 입장을 말하는 것입니다. 특히 범부의 개체에 대해서 말하면 아我라고 해서 집착하지만 오온으로 이루어진 아我는 실체가 없는 것을 나타냅니다. 즉 오온개공五蘊皆空이란 우리의 몸과 마음은 오온으로 이루어진 것으로서 일정한 본체本體가 없는 무아無我인 것을 뜻합니다. 이것을 보통 '오온무아五蘊無我'라고 하지요.

그러므로 원문의 '조견, 오온개공'이란 뜻은 관자재보살이 범부들의 몸과 정신적인 요소들인 수상행식, 즉 오온五蘊을 관조觀照해 비추어 보니까 모두 공성空性의 것이었다고 하는 것입니다. 그런데 여기에서 공空이라고 하는 뜻에 주의할 필요가 있습니다. 번역문에서는 그냥 공이라고 했지만, 범어 원문에서는 공과 공성空性으로 구분해서 사용하고 있습니다.

『바라밀경』①에 의하면 공은 śūnya로 '공하다'라고 하는 형용사로 쓰이는 경우가 많고, 공성은 śūnyatā로 어떤 곳, 어떤 것, 어떤 때, 어떤 입장에서의 것이든 모두 공성空性임을 말하는 것이라고 합니다. 그러므로 이 오온도 그냥 공이 아니라 공성이라고 하는 의미가 되는 것입니다. 오온이 공이었다고 하는 것은 오온이 공성의 것이지만 인연에 의해 현상적으로 이루어진 것이었다고 하는 것이지요. 공성으로부터 인연에 의해서 오온이 생겨났다고 하는 것입니다. 이 색수상행식의 오온에 대한 자상自相을 『대반야경』 권413에서는 다음과 같이 설하고 있습니다.

①색의 자상: 변하고 장애가 되는 것.

②수의 자상: 받아들이는 것.

③상의 자상: 이미지를 취하는 것.

④행의 자상: 조작하는 것.

⑤식의 자상: 이해하고 구별하는 것.

이 오온을 좀 더 자세히 살펴보면 다음과 같은 의미가 됩니다.

첫째로 색온色蘊이라 하는 것은 신체를 말하는 것입니다. 이 신체는 지수화풍地水火風의 4대 원소로 이루어져 있는 것이고, 모든 인간에게는 육체가 있고 작다, 크다, 희다, 검다고 하듯이 이렇게 다종다양한 형태를 하고 있는 것인데, 이 물질적 요소를 총칭하여 색온이라고 합니다.

둘째는 수온受蘊으로 이것은 인간에게는 육근六根이라고 해서 안·이·비·설·신·의 6종의 감각기관과 그 작용을 가지고 있습니다. 이 육근은 각각 외계의 대상을 받아들여 눈(眼)은 사물의 색을 보고, 귀(耳)는 소리를 듣고, 코(鼻)는 냄새를 맡고, 혀(舌)는 맛을 보고, 몸(身)은 추위와 더위 등이 스치는 것을 알고, 뜻(意)은 좋고 싫음을 느끼는 신경의 감각작용을 말하는 것입니다.

셋째는 상온想蘊으로 상상이란 외계에서 받아들인 것을 마음속에 구축하여 취하는 지각작용입니다. 인간의 육근은 각각 생각하는 마음이 있습니다. 눈(眼)은 아름다운 색을 생각하고, 귀(耳)는 좋은 음악소리를 생각하고, 코(鼻)는 좋은 향기를 생각하고, 혀(舌)는 맛있는 것을 생각합니다. 육근이 각각 생각하고 바라는 것이 있습니다. 이것을 상온이라고 합니다.

넷째는 행온行蘊으로 행行이란 십이연기론에서는 업業의 움직임을 의미하지만, 여기에서는 생각한 것을 의지를 가지고 외계의 행위로 나타내고 하는 마음의 움직임을 행온이라고 합니다.

끝으로 다섯째 식온識蘊의 식이란 지각知覺·요별了別의 의미로, 바라는 바에 따라 마음 가운데서 그 선악을 판단하고 식별하고 인식하는 의식작용을 갖는 것입니다. 즉 마음의 작용 측면을 의미하는 오온으로서의 식識을 말하는 것이지요. 특히 오온에서 식공(識空, vijñāna-śūnya)이란 식識이 공성의 것으로 식의 자성自性이 없다는 말입니다. 이것이 바로 제6의식을 말하는 것이거든요.

『대반야경』 권4에 이르기를 "사리자야, 왜냐하면 보살의 자성自性이 공空이며, 보살의 이름도 공이기 때문이다. 왜냐하면 색色의 자성 자체가 공이지 공으로 공이 되는 것은 아니기 때문이다. 색이 공이고 색이 아니지만, 색은 공을 떠나지 않고 공도 색을 떠나지 않으므로 색이 바로 공이고, 공이 바로 색이다. 수受·상想·행行·식識 등도 자성이 공한 것이니, 공으로 공이 되는 것은 아니기 때문에 수·상·행·식 등은 공한 것이니, 수·상·행·식 등이 아니지만 수·상·행·식 등은 공을 떠나지 않고 공도 수·상·행·식 등을 떠나지 않으므로 수·상·행·식 등은 그 자체로 공이고, 공도 그대로 수·상·행·식 등이다"라고 하였습니다. 그러므로 이 오온은 인간의 신체에는 잠시도 떠나는 일이 없지만, 그러나 관자재보살의 깊은 반야의 예지叡智로 비추어 보니까 이 오온은 자성自性이 없는 모두가 공성의 것이었다고 하는 것입니다.

이 오온의 무상無常, 공空이라고 하는 이치를 이해시키려고 『증일아함경』권27에서는 다음과 같은 다섯 가지 비유를 들고 있습니다. 즉 "색色은 물방울이 모인 것(聚沫)과 같고, 수(受痛)는 뜬 물거품(浮泡)과 같으며, 상想은 야생마(野馬)와 같고, 행行은 파초芭蕉와 같으며, 식識은 환과 같은 헛된 법(幻法)이다"라고 하는 것입니다.

우리들은 이와 같이 물질적인 면(色)과 정신적인 면(受想行

識)으로 되어 있지만, 그것이 자아(自我; 아트만)에 대한 취(取; upādana), 즉 집착의 원인이라고 하는 것에서 오취온五取蘊이라고 부르는 일도 있습니다. 우리들은 자기 자신 안에 중핵으로 되어 스스로를 지배하고 있는 것과 같은 영원한 실체實體가 있는 것으로 상정하기도 합니다. 그리고 그것에 집착하여 자기 자신에 매이면서 기대와 현실의 다름에 따라 고뇌하고 불안에 빠져 버립니다. 그러나 우리들은 오온을 분석하여 잘 관찰해 보면 그와 같은 상정想定이 얼마나 잘못되었는지를 알 수 있고, 또 영원한 실체 등은 어디에도 없다는 것을 알아야 한다는 것입니다. 그것을 깨닫는 것이 고苦로부터 해방되는 첫걸음이 되는 것입니다. 색色 내지 수상행식은 무상無常이고, 무상인 것은 고苦이며, 고인 것은 비아非我입니다. 비아인 것은 나의 것이 아니고, 나도 아니고, 나의 자아自我도 아니라고 올바르게 깨달아야 하는 것입니다.

③ 도일체고액, 사리자

도일체고액度一切苦厄이란 일체의 모든 고액苦厄을 건넌다는 뜻입니다. 도度는 건너는 것, 차안此岸으로부터 피안彼岸으로 건넌다는 뜻으로, 이 세상에서 저 천상극락으로 모든 고뇌와 재난을 벗어나게 하는 것을 말합니다. 고액苦厄이라고 하는 것은, 모든 인간에게는 팔고八苦와 사액四厄이라고 하는 것이 있습니다.

팔고八苦는 다음과 같습니다. 첫째 생고生苦: 인간이 이 세상에 태어나는 것, 그것은 자신이 하나의 고苦의 씨앗으로 되어 있는 것입니다. 둘째 노고老苦: 나이를 먹으면서 청년으로부터 노년이 되고 점점 쇠하여 수족의 자유가 생각처럼 되지 않는 것입니다. 셋째 병고病苦: 청년이나 노년이나 인간은 언제라도 병이 나게 되어 있는 것입니다. 넷째 사고死苦: 인간인 이상은 반드시 한 번은 죽게 되어 있는 것입니다. 병이 나서 죽든지 노쇠하여 죽든지 또는 천재지변이나 생각지 못한 재난을 만나 죽습니다.

그리고 이상의 사고四苦에, 다섯째 애별리고愛別離苦: 부모 자식이나 형제, 부부와 같이 서로 친근하고 사랑하는 사람이라 하더라도 연緣이 다하면 반드시 헤어지거나 떠나지 않으면 안 됩니다. 여섯째 원증회고怨憎會苦: 사이가 나쁘거나 원한으로 증오하고 있는 자라 하더라도 만남은 있게 됩니다. 좋아하는 사람이라도 언제까지나 함께 있을 수가 없고, 동시에 싫은 자라 해도 함께하여 만나지 않으면 안 되는 것입니다. 실로 마음대로 되지 않는 것이 이 세상의 괴로움입니다. 일곱째 구부득고求不得苦: 무엇을 갖고 싶고 얻고 싶다고 해도 마음대로 얻어지지 않는 괴로움입니다. 여덟째 오음성고五陰盛苦: 몸과 마음, 즉 색수상행식의 욕심 번뇌가 왕성하게 타올라 몸을 괴롭게 하는 것입니다. 이러한 것들을 팔고라고 말합니다.

그리고 사액四厄이라고 하는 것은 다음과 같습니다. 첫째 욕액欲厄: 욕심이 생긴다고 하는 마음으로 이것이 재앙의 기본이 됩니다. 둘째 유액有厄: 물질이 있다고 하는 것이 재앙의 근본이 되는 것입니다. 셋째 견액見厄: 견이란 지식, 판단으로 보는 견해를 말하는 것으로, 인간은 잘못된 지식과 판단 때문에 수행의 장애로 되거나 불행을 초래하는 일이 있습니다. 넷째 무명류액無明流厄: 무명이란 미혹을 말하는 것이고, 류流란 유전流轉의 뜻으로 미혹한 마음이 여러 가지로 흘러가는 것을 말합니다.

이상과 같은 사고四苦 팔고八苦와 사액四厄도 오온五蘊이 모두 공空한 것이라고 깨달을 때에는 일체의 모든 고액苦厄도 본래는 있는 것이 아니라고 하는 것이지요. 그러나 범부의 현실은 이러한 고액을 당하고 있으므로 관자재보살은 사리자에게 이러한 일체고액이 공성의 것임을 깨닫고, 범부로서의 인간은 저 니르바나의 세계로 건너가야 한다(度)고 설하는 것입니다.

그리고 **사리자舍利子**는 부처님의 제자 중에서도 공空사상에 제일 뛰어난 사리불을 가리킵니다. 사리舍利는 범어로 추로鷲

鷲이라고 하는 새의 이름인데, 이 새의 눈은 백과 흑이 확실한 아름다운 새라고 합니다. 옛날 중천축국에 파타라婆陀羅라고 하는 사람에게 한 사람의 딸이 있었는데, 그 눈이 너무 아름다워 사리조와 같았으므로 사리녀라고 했답니다. 그 여인의 아들로서 태어난 것이 사리불입니다. 불弗이란 범어로 자子라고 하는 뜻이기 때문에 관자재보살은 앞에 있는 사리자에게 법을 설하면서 저 부처님의 세계로 건너가야 한다(成佛)고 하여, 사리자여!라고 부르고 있는 것이지요.

④ 색불이공, 공불이색, 색즉시공, 공즉시색, 수상행식, 역부여시

색불이공色不異空 공불이색이란 색色은 공空과 다르지 않고, 공은 색과 다르지 않다고 하는 의미입니다. 색이 즉 공이고, 공空이 즉 색色이라는 뜻이지요. 그리고 색즉시공 공즉시색空卽是色이란 '색이 즉 공이고 공이 즉 색(yā śūnyatā rūpam)'이라는 뜻으로 반야사상般若思想의 핵심입니다. 공 그대로가 일체의 존재(色)와 같다는 뜻이지요. 공은 어떤 존재의 '없음'을 가리켜 말하는 것이 아니라 모든 존재 자체에 즉卽해 있는 성품을 말하는 것입니다.

『대반야경』 권410에 이르기를 "색을 비워 없앴기 때문에 색이 공한 것이 아니라 색이 곧 공이며, 공이 곧 색이다. 수상행

식 또한 이와 같다. 눈의 대상(眼處)을 비웠기 때문에 눈의 대상이 공한 것이 아니라 눈의 대상 자체가 곧 공이며, 공 그대로가 곧 눈의 대상이다……"라고 하였습니다. 공즉시색은 이와 같이 보통 색즉시공과 연결하여 관용적으로 쓰입니다. 색즉시공은 현상의 상相들이 연기緣起의 존재로서 무상無相과 통한다는 것을 가리키며, 공즉시색은 색의 다양한 상을 적극적으로 표현한 것으로 무상에 대한 집착을 벗어나는 것에 주목한 말입니다. 이 양자는 모두 상과 무상의 중도中道를 보임으로써 영원함(常)과 허무함(斷)이라는 양극단에 대한 집착을 없애기 위한 것입니다.

『보장론』에 이르기를 "중도라고 하는 것은 유상有相과 무상無相이 '분리된 두 가지가 아니라는 것(無二)'을 가리키고자 하는 것이다. …… 상을 무상으로 간주하는 것은 상 그대로가 무상이기 때문이다. 그러므로 경에서 색이 곧 공이요, 색이 소멸하여 공이 되는 것이 아니라고 하였다. 비유하자면 물이 바람을 맞아 물거품이 생길 때 물거품 그대로가 물이며, 물거품이 소멸하여 물이 되는 것이 아닌 것과 같다. 무상을 상으로 간주하는 것은 무상 그대로 상이기 때문이다. 경에 공이 곧 색이니 색은 헤아릴 수 없이 많다고 하였다. 비유하자면 물거품이 사라지면 물이 되니 물은 곧 물거품이며, 물거품을 떠나지 않는 것과 같다"라고 하였습니다.

그리고 색(色, rūpa)은 형상을 만든다(造形)는 뜻을 가진 어근 √rūp의 변화에서 유래하였기 때문에 형상이 있는 것이라는 뜻이 내포되어 있습니다. 또한 무너진다(壞)는 뜻을 지닌 어근 √rup의 변화에서 유래했기 때문에 변괴變壞·변화의 뜻도 내포되어 있습니다. 넓은 의미에서는 물질적 존재 일반을 가리키고, 좁은 의미에서는 오직 안근眼根의 인식대상을 가리키는 것입니다. 이 색온은 인연소생因緣所生의 법이고 실성實性이 없으므로 색은 공과 다르지 않다고 하는 것이지요. 이렇게 실성實性이 공空이라 해도 인연을 만나는 곳에 색상色相이 생김으로 이 공은 색과 다르지 않다고 하는 것입니다.

요컨대 **색불이공**色不異空 **공불이색**空不異色이란 모든 유위의 현상(色)은 실체가 없기 때문에 공과 다르지 않고, 공 자체도 색을 근거 짓는 독립된 실체가 아니라 색의 이치를 나타내므로 색과 다르지 않다고 하는 것입니다. 이것은 반야부 계통의 경전에서 보통 색이 곧 공이고(色卽是空) 공이 곧 색(空卽是色)이라는 뜻으로 유도하는 논리가 되는 것이고, 상보적으로 서로의 뜻을 설명하는 밀접한 관계가 되는 것입니다. 『반야심경주해』에서도 이르기를 "색이란 사대로 구성된 허깨비와 같은 색(幻色)이고, 공이란 반야의 진공眞空이다. 중생은 진공을 모르기 때문에 환색을 진실로 받아들이는 것이 마치 물이 얼어 얼음이 되는 것과 같다. 보살은 반야의 관혜觀慧를 닦기 때문에 환색이 곧 진공임을 뚜렷이 관조하니, 마치 얼음이 녹아 물이 되는 것과 같다. 그러므로 색과 공은 그 본체가 다르지 않기 때문에 '색은 공과 다르지 않고 공도 색과 다르지 않다'고 한다. 그것은 마치 얼음이 물과 다르지 않고 물이 얼음과 다르지 않은 것과 같다. 또한 둔한 근기의 중생이 그 뜻을 알아차리지 못하고 여전히 색과 공의 본질이 다르다는 견해(二見)에 얽매어 있을까 염려하기 때문에 '색이 곧 공이고 공이 곧 색이다'라고 한 것이다. 그것은 마치 얼음이 곧 물이고 물이 곧 얼음인 관계와 같다"라고 하였습니다.

그리고 **수상행식**受想行識이란 오온 중의 수온受蘊·상온想蘊·행온行蘊·식온識蘊을 말한 것이고, **역부여시**亦復如是란 또한 이와 같다고 하는 뜻이지요. 그러므로 이 구절은 색온으로서의 이 신체가 공한 것처럼 나머지 4온으로서의 수상행식의 정신 또한 그와 같이 공空하다고 하는 것입니다. 왜냐하면 이곳에서는 인간인 범부를 설하고 있는 부분이기 때문입니다.

⑤ 사리자, 시제법공상, 불생불멸, 불구부정, 부증불감
여기에서 **사리자**舍利子란 또다시 '사리자여'라고 부르시면서

사리불에게 설하고 있습니다. **시제법공상**是諸法空相의 공상(空相, śūnyatā-lakṣaṇa)이란 존재하는 모든 것은 공의 특징을 갖는다는 뜻이고, 모든 존재는 스스로 독립하여 성립되는 것이 아니라 다른 존재들을 조건으로 하는, 이른바 인연因緣의 화합체이기 때문에 '자체의 독립적 성품이 없음(無自性)'이 특징입니다. 이것을 공상이라고 합니다. 모든 법은 진실한 성품이 없기 때문에 "제법諸法의 공상은 생하는 것도 아니고 멸하는 것도 아니며, 더러운 것도 아니고 깨끗한 것도 아니며, 더해지는 것도 아니고 덜해지는 것도 아니다"라고 하는 것입니다. 불생不生이라고 하면 생하는 것이 아니므로 곧 멸滅과 동일시하는 것이 보통의 논리지만, 불생이면서 동시에 불멸不滅인 것이 공상입니다. 생生·멸滅, 구垢·정淨, 증增·감減 등 양쪽이 모두 부정되는 것이 중도로서의 공상인 것입니다. 이것은 이 양쪽의 것들이 서로 인연이 됨을 전제로 합니다. 생은 멸을 조건으로 하며, 멸은 생을 조건으로 하는 인연법이기 때문에 생을 생으로만 단정할 수 없고, 멸을 멸로만 단정할 수 없으므로 생이면서 불생이며, 멸이면서 불멸이 되는 것입니다.

그리고 **불생불멸**不生不滅이란 모든 존재는 근본이 공이기 때문에 생길 것도 멸할 것도 없다는 것이지요. 범부는 다만 생사 간에 유전流轉하여 피안에 이를 수가 없고, 이 때문에 좋고 나

뿐 모든 법이 실재하는 것처럼 생각하고 집착하여 거기에서 모든 괴로움과 화禍가 생겨나옵니다. 공을 깨달은 피안의 경계인 극락정토세계의 경계에는 그와 같은 미혹이 없는 것입니다.

불구부정不垢不淨이란 구垢는 더러운 것, 정淨은 깨끗한 것으로, 대체 범부는 더러운 것을 싫어하고 청정한 것을 구하지만, 모든 법은 모두 공空한 것이라고 깨닫고 나면 더럽다고 하는 것도 없고 청정하다고 하는 것도 없다고 하는 것입니다.

부증불감不增不減이란 모든 법은 더할 것도 없고 덜할 것도 없다고 하는 것이지요. 반오半悟의 범부는 수행의 공덕으로 이미 번뇌를 털어버렸다고 생각하는 것을 감減이라고 하고, 또 수행의 공덕으로 이미 보리(菩提; 깨달음)의 뜻을 얻었다고 생각하는 것을 증增이라고 합니다만, 그러나 그것도 공의 세계 그 자체에는 더할 것도 없고 덜할 것도 없다고 하는 것입니다. 반야의 묘지妙智를 얻어 공의 세계를 깨달으면 다시 감해야 할 번뇌도 없고 더增하게 될 보리도 없다고 하는 것이지요.

⑥ 시고공중무색 무수상행식

시고是故란 '이러하기 때문에'란 뜻으로, 전의 제법공상諸法空相 이하의 문구를 받고 있는 글입니다. 공중무색空中無色이란 공상空相 중에는 색온도 없다고 하는 것으로 온蘊의 글자를 생략한 것입니다. 그리고 **무수상행식無受想行識**이란 색온 이외의 수상행식의 4온도 또한 공상空相 가운데는 없는 것이라고 하는 것입니다. 결국 우리 범부들의 이 몸과 마음이라고 생각하는 부분은 공이라고 하는 것입니다. 없다가 인연이 되면 또 생겨나니 이 무無는 절대개념으로서의 무가 아니라 유무의 상대 개념으로서의 무인 것이고, 여기에서의 식識은 근본식을 말하는 것이 아니라 제6의식을 말하는 것이지요. 이『반야심경』을 편집할 당시는 아뢰야식이나 말나식이라고 하는 개념이 해당이 안 되었던 것입니다.

이상은 오온五蘊이 모두 공空하다고 하는 오온개공五蘊皆空의 이치를 설한 것이고, 범부는 이 오온의 공한 이치를 깨닫는 것이 중요한 것입니다.

(3) 십이처十二處도 공성의 것이고

⑦ 무안이비설신의 무색성향미촉법

여기서부터는 십팔계十八界 중의 십이처十二處를 설하고 있습니다. 십이처란 십이입十二入·십이입처十二入處라고도 하는데, 처處는 범어 āyatana의 번역으로 길러서 성장시키는 곳이라는 뜻이지요. 처란 즉 심(心; 心 자체), 심소(心所; 心의 기능)가 일어나기 위한 의지처(所依·所緣)로 되어 이것을 양육하는 것입니다. 이에는 눈(眼)·귀(耳)·코(鼻)·혀(舌)·몸(身)·뜻(意)의 육근六根과 색色·성聲·향香·미味·촉觸·법法의 육경六境이 있습니다. 육근은 주관에 속하는 감각기관 또는 그 기능이기 때문에 육내처六內處라 하고, 육경은 깨달아 알게 되는 대상으로서 객관에 속하기 때문에 육외처六外處라고 합니다. 이 십이처에 의해서 우리들은 일체 모든 법을 모두 끌어들이게 되는 것입니다.

여기에서 근根이란 외계의 대상을 취하여 의식 내에 안이비설신이라고 하는 오식五識의 인식작용을 불러일으키는 데 있어서 뿌리와도 같은 작용을 하기 때문에 근根이라고 말합니다. 그리고 여기에 의식의 뿌리인 의근意根을 합친 이 육근은 육식六識이 육경六境을 인식하는 경우 그 의지처로 되는 6가지의 근根, 즉 안·이·비·설·신·의의 육근을 말합니다. 『번역명의집』권6에 "육입에는 두 가지 뜻이 있다. 첫째 감각기관과 감각대상이 서로 간섭하여 작용하는 것이고, 둘째 감각기관과 인식대상이 함께 인식작용에 포함되는 것이다. 그러므로 여러 경전에서 십이입十二入 또는 십이처十二處이라고 한다"라고 하였습니다.

무無는 없는 것이라고 하는 뜻으로 이하 모두 같습니다. 안이비설신의眼耳鼻舌身意는 앞에서도 언급한 육근六根입니다. 공상空相 가운데는 오온五蘊의 모든 법이 없는 것인 이상 이 육근도 또한 근본은 존재하지 않는 것이지만, 인연 따라 나타났을 뿐이라고 하는 것입니다. 그러나 이 인간의 신체에 안이비설신의의 육근 육식이 있는 것은 모두 미혹의 근본으로, 눈(眼)은 아름다운 것을 보고 마음을 현혹하고, 귀(耳)는 좋은 음을 듣고 마음을 현혹하고, 코(鼻)는 좋은 향을 맡아서 마음을 현혹하고, 혀(舌)는 맛있는 것을 먹고 마음을 현혹하고, 몸(身)은 안일을 원하여 마음을 현혹하고, 의식(意)은 안이비설신의 욕구에 움직여 현혹한다고 하는 것이지요. 그러나 이상과 같은 미혹심도 반야의 묘지妙智에 의해서 공空의 도리를 깨닫고 보면 이 육근의 존재도 본래는 없는 무자성의 것이라는 것을 알게 된다고 하는 것입니다.

그리고 색성향미촉법色聲香味觸法이란 이것은 육경六境이라고 해서 이 경경은 마음이 대상으로 하는 경계를 말하는 것입니다. 육경은 육진六塵이라고도 하는데 이것은 먼지(塵)처럼 마음을 더럽히기 때문이라고 합니다. 이 여섯 가지는 안이비설신의의 육근이 상대로 하는 대상을 뜻하는 말이지요. 먼저 색色은 눈을 마주하고, 성聲은 귀를 마주하고, 향香은 코를 마주하고, 미味은 혀를 마주하고, 촉觸은 접촉, 즉 눈과 귀 등으로 대상을 지각하는 것이고, 그리고 법法이란 앞에 말한 오온이 상대로 하는 것을 법이라고 하고 이것은 의식(意)을 마주하는 것입니다.

원래 의식(意)은 물질에 변하기 쉽고 시종 움직이고 소란스러운 것이기 때문에 말(馬)에 비유하여 의마意馬라고 합니다. 의意에 대하여 마음이라고 할 때에는 이것은 신체의 주인공을 뜻하는 것이고, 의마意馬는 약간 좀 시끄럽게 움직이고 멋대로 날뛰는 성질이 있기 때문에 그렇게 하지 못하도록 마음을 조이고 조정하는 역할을 하는 것을 원숭이에 비유하여 심원心猿이라고 합니다. 그리고 보지 않고, 듣지 않고, 알려고 하지 않는 세 가지를 삼원三猿이라고 하는 것입니다. 다시 말하면 오온五蘊의 좋아하는 법에 끌리어 의意의 말馬이 달려 나오고, 이것을 마음(心)의 원숭이가 조정을 한다고 하는 것이지요. 그러나 마음의 원숭이를 기르는 지혜가 얄팍할 때에는 의意의 말에 끌려가서 함께 움직이고 맙니다. 그러나 반야의 묘지妙智를 얻어 깨달고 보면 색성향미촉법의 육경六境도 그 근본은 모두 없는 무자성의 것이라고 하는 것입니다.

(4) 십팔계十八界도 공성의 것이다.

⑧ 무안계내지무의식계

이제부터는 십이처十二處에 안이비설신의의 육식六識을 더하여 십팔계十八界를 설합니다. 십팔계의 계界는 dhatu의 번역어로 종류·종족(種族, gotra)의 뜻입니다. 이때의 종족이란 발생의 근원이라는 뜻이고요. 이것은 식識의 발생에 근거하여 제법을 18가지 요소(dhātu, 界)로 분류한 것으로, 곧 소의所衣가 되는 육근六根과 소연所緣이 되는 육경六境이 화합하여 육식六識이 생겨나는 것을 말합니다. 그리고 제법을 열두 가지로 분류한 십이처 중의 의처意處와는 달리 십팔계 중의 의계意界는 육식들 중 한 가지 식에 의해 형성됩니다. 전5식이 각각 전5근을 소의로 하는 데 비해, 제6식은 선행한 육식들 중 한 가지를 소의로 삼으며, 이때 소의가 되는 식을 의(manas) 또는 의계(manodhātu)라고 부른 것입니다.

『잡아함경』 권11에 설하기를 "비구여, 비유하면 양손이 화합하여 서로 마주해야 소리가 나는 것과 같다. 이와 마찬가지로 안眼과 색色을 조건으로 하여 안식이 생겨난다. 이 세 가지가 화합하여 촉(觸, sparṣa)이 있게 되며, 촉과 함께 수(受, vedanā)·상(想, samjñā)·사(思, cetanā)가 생겨난다. 이들 제법은 아我가 아니고, 항상하지 않다. 이 무상의 아는 항상하지 않고,

안은하지 않으며, 변이하는 아我이다. 어째서인가? 비구여, 태어나고 늙으며 죽고 없어지고, 후생을 받게 하는 법이기 때문이다"라고 하였습니다.

이것은 앞에서도 언급한 십이처에 육식六識을 더한 육근·육경·육식의 십팔계를 말하고 있고, 육식은 십이처 중의 의처意處를 상세하게 구분한 것입니다. 육식이란 즉 안·이·비·설·신식의 5식에 의식을 더한 육식으로, 이 가운데 안·이·비·설·신근의 오근五根을 의지처로 하여 색경色境 등의 오경五境을 인지하는 5가지 마음을 5식이라고 합니다. 그런데 이 5가지 마음은 모두 물질적 감각기관, 즉 색근色根에 의해서 물체(色法)을 대경對境으로 한다는 것입니다. 다만 직각直覺에 의해서만 대경을 인지하고, 항상 계속해서 일어나는 것이 아닌 것 등은 전5식에 공통하기 때문에 총괄하여 오식五識이라고 하고, 여기에 의식意識을 더하여 육식이 되는 것입니다.

그리고 무안계無眼界의 안계眼界란 안식계眼識界라고 하는 것을 식識의 자를 생략하여 말한 것인데, 육근六根에 각각 식識이 작용하는 경계가 있는 것을 식계識界라고 합니다. 눈은 색을 구분하여 아는 것을 안식계라고 하고, 귀는 소리를 구분하여 아는 것을 이식계耳識界라고 하며, 그 밖에 코·혀·몸·뜻의 4가지도 모두 각각의 식계가 있는 것이지요. 여기에서 위의 본문은 육식계六識界의 첫 번째 안식계와 끝의 의식계를 들고 중간의 이·비·설·신의 넷을 생략한 것입니다.

내지乃至란 생략하는 것을 포함하여 상하를 이어가는 말이고, 무의식계無意識界라고 하는 한 구절도 공상空相 가운데서는 안이비설신의라고 하는 육식계六識界도 근본은 모두 없는(無) 무자성의 것이라고 하는 것을 설한 것입니다.

(5) 온·처·계의 삼과설

그리고 위의 오온과 십이처와 십팔계의 설을 합하여 삼과설三科說이라고 합니다. 삼과三科란 세간의 모든 것, 즉 일체제법(一切諸法, sarva-dharma)을 오온蘊·십이처處·십팔계界 등 세 가지로 나누어 분류한 것으로, 온蘊·처處·계界 또는 음입계陰入界·음입지陰入持 등이라고도 합니다. 오온은 색·수·상·행·식 등으로 마음에 더 미혹한 자를 위해 설하는 것이며, 5음陰 또는 5취聚라고도 합니다. 십이처는 육근과 육경을 가리키며 물질(色)에 더 미혹된 자를 위해 설하는 것이고, 12입入이라고도 합니다. 십팔계는 육근·육경·육식 등을 말하며, 마음과 물질 모두에 미혹된 자를 위해 설하는 것입니다.『구사론실의소』권3에 이르기를 "삼과란 첫째 취聚, 둘째 생문生門, 셋째 종족種族 등이다. 취는 온을 뜻하고, 생문이란 마음과 마음의 작용이 생장하는 관문關門의 뜻이니, 안식이 생길 때에는 눈이 관문이 된다. …… 종족이란 계界를 뜻하는데, 마치 산에 구리·쇠·금·은 등이 있으면 '계가 많다'라고 하는 것처럼 몸이 계속 유지되는 데 18가지의 종족이 있으니 이것들을 십팔계라고 한다"라고 합니다.

그러므로 법공法空의 경지에서 보면 이 생물학적 인간 조건으로서의 삼과도 없는 것이지만 인연에 의해 생겨나온 것이 되는 것이지요. 그러니 현실적으로는 '나'라고 하는 인간이 존재하고 있지만, 실제로는 공성空性의 것이기 때문에 '나'라고 내세울 것도 없는 것입니다. 그러나 앞서도 언급했듯이 공 가운데는 무진장한 종자와 그 재료들이 내재되어 있기 때문에 인연에 의해 생겨나는 것입니다. 그것을 공성이라고 부르는 것이지요.

그러면 범부는 어떻게 이 고난의 인생을 구원받을 수 있을까요. 그것은 『대반야경』에 의하면 십선十善의 행입니다. 연각이 십이인연관으로, 성문이 사성제관으로, 보살이 반야바라밀행으로 대처하듯이, 범부는 십선十善의 행으로 대처하여 이 세상(此岸)으로부터 저 세상(彼岸), 즉 천계天界로 들어갈 수가 있다고 하는 것입니다.

(6) 십선十善과 그 공덕

십선(十善, daśa-kuśala)과 십악十惡이란 신·구·의의 삼업三業 중에서 현저히 뛰어난 10종의 선악의 행위를 말합니다. 곧 십악이라 함은 살생(斷生命)·투도(偸盗; 不與取)·사음(邪婬; 欲邪行)·망어(妄語; 거짓말, 속임)·양설(兩舌; 이간질, 어김)·악구(惡口; 흉보기, 더러운 악설)·기어(綺語; 추잡한 말, 엉뚱한 말, 이랬다저랬다 하는 말, 뜻 없는 말)·탐욕(貪欲; 탐심)·진에(瞋恚; 눈을 부라림, 분노함, 성질부림)·사견(邪見; 어리석음)의 열 가지로 이들을 여의는 것이 십선善입니다. 이들은 순차로 신업身業에 속하는 것이 셋, 구업口業에 속하는 것이 넷, 의업意業에 속하는 것이 셋이기 때문에 이들을 신삼身三·구사口四·의삼意三이라 합니다. 십선·십악은 십선업도(十善業道; 十善道, 十善根本業道, 十白業道)·십불선업도(十不善業道; 十惡業道, 十不善根本業道, 十黑業道)라고도 하는데, 이들 십업도는 업業이 이루어지게 되는 경과에 가행加行과 근본과 후기後起의 3단계가 있는 가운데 근본, 곧 근본업도根本業道에 대해서 설합니다.

십선·십악의 설은 대승·소승의 많은 경전에서 설하고 있고, 아함경에서는 십선은 인人·천天의 세계에 태어나고, 십악은 지옥·아귀·축생의 삼악도에 떨어진다고 하고, 유부 등의 부파불교에서는 십선·십악에 의한 과果를 이숙과異熟果·등류과等流果·증상과增上果로 나눕니다. 예컨대 십악에 의해서 삼악도에 태어나는 것이 이숙과異熟果, 살생업殺生業에 의해서 병이 많고 명命이 짧은 것이 등류과等流果, 살생업에 의해서 상박(霜雹; 서리와 우박), 진예(塵穢; 더러움) 등의 해를 만나는 것이 증상과增上果라고 합니다. 또 십악은 어떤 것이나 탐貪·진瞋·치癡의 3불선근 중 어느 하나가 가행(加行; 준비적 작용)이 되어 일어나고, 그것이 업도業道가 되어 나타날 때에는 각기 셋 중의 특정의 하나 또는 셋 중에 어느 하나에 의한다고 합니다. 십악 중에서는 살생殺生 및 사견邪見이 가장 중하다고 설하고, 신역『화엄경』권35에서는 십선·십악을 행하는 자는 선의 강약의 정도에 따라서 인人·천天의 과과, 삼승三乘의 과, 불과佛果를 얻고, 악의 정도에 따라서 삼악도(강은 지옥, 중은 축생, 약은 아귀)에 태어나고, 또는 인간에 태어난다 하더라도 단명短命하거나 병이 많고 그 밖에 불행을 당한다고 설합니다.

십선(十善, daśa-kuśala)과 그 공덕에 대해 좀 더 보겠습니다.

『중아함경』권3「가미니경伽彌尼經」에 이르기를 "가미니야, 이 십선업도는 깨끗하기 때문에 백보白報를 받아서 저절로 위로 올라가 반드시 선처善處에 이르게 된다"라고 하고,『잡아함경』권37에서는 "십선업적(伽彌尼 謂此十善業道白有白報 自然昇上 必至善處)의 인연에 따라 몸이 무너지고 목숨이 다한 후에 천상

天上에 태어나게 된다"라고 설합니다. 또 『영락본업경』에서는 "사람이 십선을 행하고 1겁·2겁·3겁 동안 십신十信을 닦으면 육천六天에 태어나는 과보를 받는다. 상선上善에 세 가지가 있으니, 상품은 철륜왕이 되어 천하를 교화하고, 중품은 속산왕이 되며, 하품은 사람 중의 왕이 되어 모든 번뇌를 갖게 된다"라고 하고, 『화엄경소초』권70에는 "그 뜻을 밝히면 하품의 십선은 인취人趣에 태어나는 원인이고, 중품의 십선은 욕계천에 태어나는 원인이며, 상품의 십선은 색계·무색계에 태어나는 원인이다"라고 하였습니다.

그리고 십선교十善巧는 연각緣覺이 관관觀하는 것으로 ①온선교(蘊善巧; 오온을 말함) ②처선교(處善巧; 십이처를 말함) ③계선교(界善巧; 십팔계를 말함) ④연기선교(緣起善巧; 십이인연을 말함) ⑤처비처선교(處非處善巧; 선의 인과는 처處로 되고 악의 인과는 비처非處로 됨) ⑥근선교(根善巧; 신信 등의 오근五根이 모두 22근으로 됨) ⑦세선교(世善巧; 삼세의 도리를 말함) ⑧제선교(諦善巧; 사제四諦로서 세간과 출세간의 인과를 말함) ⑨승선교(乘善巧; 이승二乘·삼승三乘 등의 뜻) ⑩유위무위선교(有爲無爲善巧; 의타依他·원성圓成의 이성二性을 말함. 『辨中論』)입니다.

2. 연각지緣覺地를 설함

(1) 연각이란

십이인연 또는 십이연기는 연각이 수행하는 바로서, 연각(緣
覺, Pratyeka-buddha)이란 이승二乘·삼승三乘·십계十界의 하나
입니다. 여기에서 승乘이란 수행이라고 하는 수레를 타고서
이 세상에서 저쪽 깨달음의 불국정토의 세계로 건너간다고 하
는 의미가 있는 것이고요. 계界는 지옥·아귀·축생·수라·인
간·천인·성문·연각·보살·불의 십계를 말하는 것입니다. 그
리고 연각은 벽지불辟支佛 또는 독각獨覺·인연각因緣覺 등으로
도 번역을 합니다. 부처님이 계시지 않은 세상에 태어나 스스
로의 수행력으로 깨닫거나(獨覺), 부처님으로부터 직접 십이
인연 등의 연기법을 듣고 그 이치를 관찰하여 깨달은 사람(緣
覺)을 가리킵니다. 부처님이 설하시는 십이인연을 직접 듣고
깨달은 성문聲聞도 벽지불이라고 합니다. 『법문명의집』에 이
르기를 "벽지불에 두 종류가 있다. 첫째는 부처님이 없는 세상
에 출현하여 상常이 아닌 이치(無常)를 홀로 깨닫고 사유하여
도를 얻은 자를 연각벽지라고 한다. 둘째는 부처님이 십이인
연법을 설한 것을 듣고 인연의 이치를 관찰하여 도를 깨달은
자를 성문벽지라고 한다. 삼승 중에서 이를 중승中乘이라 한

다. 또한 그들은 유여열반과 무여열반 등 두 가지 열반을 얻는 다. 벽지불은 연각이라고 한역하는데, 벽지의 한역어가 연緣이고 불의 한역어가 각覺이기 때문이다"라고 합니다.

이러한 연각, 즉 벽지불이 갖는 특징으로는 세 가지가 있으니, 즉『십지경론』에 이르기를 "벽지불에게는 세 가지 특징이 있으니, 첫째 스스로 깨닫는 것이고, 둘째 다른 사람에게 불법을 설하지 못하는 것이며, 셋째 적은 경계를 관찰하는 것 등이다"라고 하였습니다. 또『조론소』권2(卍속장 96, p.221)에서는 다음과 같이 이르고 있습니다.

"연각이란 인연의 이치를 깨닫고 나서 인연을 떠남으로써 진리와 하나가 되는 것이다. 독각인은 스스로의 힘으로 깨달은 자이고, 연각은 가르침을 받아 깨닫는 자이다. 여기서는 그중에서 연각의 뜻을 취한 것이다. 연緣은 깨달음의 대상이 되는 경계, 곧 삼세三世의 십이인연이다. 각覺이란 깨닫는 주체의 지혜, 곧 아공(我空; 生空)을 관찰하는 작용이다. 무상無常의 교리를 들음으로 말미암아 삼세의 만법이 인연으로 모여 일시적으로 존재하다가 인연이 떠나면 본래 공空이라는 이치를 깨달으므로 '진리와 하나가 된다'라고 한다. 비록 근기는 성문보다 날카롭고 뛰어나 집착의 장애를 무너뜨리고 진리를 깨닫지만, 아공我空이라고 하는 한편으로 치우친 이치에 근거한다는 점에서는 다르지 않다."

　그러나 대승불교에서는 누구의 지도도 받지 않고 스스로 십이연기의 이치를 관찰하여 깨닫는다고 하지만, 자리自利의 행에 노력하고 이타利他의 마음이 없기 때문에 대비심을 가지고 중생을 구할 수가 없는 성인聖人이라고 말합니다. 때문에 대승불교에서는 성문과 더불어 연각을 소승小乘이라고 하는 것입니다. 소승이란 작은 수레로 건너가고, 대승이란 큰 수레로 건너가는 것이라는 의미이지요.

(2) 십이인연도 공성의 것이고
⑨ 무무명, 역무무명진, 내지무노사, 역무노사진

여기부터는 십이인연十二因緣에 대하여 설하고 있습니다. 십이인연의 인연 또는 연기란 인因과 연緣을 말하는 것으로, 결과를 낳게 하는 내적인 직접원인이 인因이고, 밖으로부터 이것을 돕는 간접원인이 연緣입니다. 이것을 내인內因·외연外緣이라고 하지요. 일체의 모든 존재는 모두 인연에 의해 생기고 인연에 의해 멸합니다. 인연에 의해 생기는 것을 인연생因緣生 또는 연기緣起 등으로 말합니다. 연기란 모든 존재는 다종다양한 조건, 즉 인연들에 의하여 임시로 그와 같은 것으로서 성립되고 있는 것을 말합니다. 따라서 조건의 순서대로 여러 가지로 변화하며(無常), 독자적인 존재성을 갖지 못하고(空·無我), 서로 간에 의존적인 것입니다. 이와 같이 인연에 의해 성립되어 있는 존재를 연생緣生의 것이라 하고, 그러한 법칙을 연생의 법이라고 하는 것입니다.『잡아함경』권12에는 "연기의 법은 부처님이 세상에 나오시거나 나오시지 않거나 상관없이 영원히 변함없는 진리로 부처님은 이것을 관觀하시고 깨달음을 열고, 또 중생을 위해서 이 법을 열어 보이신다"라고 설하고 있는 것입니다. 그리고 십이연기의 법을 관하여 진공眞空의 원리를 깨닫는 연각의 법을 연각승緣覺乘이라고 하는 것입니다.

그리고 십이연기로서의 유정有情의 생존이 12의 조건에 의해 성립되어 있는 것을 십이지연기十二支緣起, 십이인연十二因緣이라고 합니다. 근본불교의 가장 기초적인 교의로서 아함경전에서 설한 것으로, 12의 조건이란 무명無明·행行·식識·명색名色·육처(六處; 六入)·촉觸·수受·애愛·취取·유有·생生·노사老死의 12이고, 이것들은 범부로서의 유정의 생존을 구성하는 12의 요인들의 발생과 발달과정을 말하고 있는 것입니다.

그런데 위의 본문에서는 또 십이인연의 시작인 무명無明과 끝의 노사老死 부분을 들고 중간을 생략하고 있습니다. 그 십이인연의 발생과 발달과정을 간략히 살펴보면 다음과 같습니다.

(1) 무명無明: 이것은 과거 세상에 이미 현세에 태어나는 것과 같은 종자로서의 미혹한 상태를 말하고, 이 상태는 삼계에 빠져 있는 상태를 의미합니다. (2) 행行: 무명이 활동을 하기 시작하는 것을 말하고, 이것은 이미 인체人體를 받겠다고 움직이는 업業의 상태로 삼계에 유전하는 시초로서의 행입니다. 이상의 무명과 행은 과거생에 속하는 업인 것입니다. (3) 식識: 이것은 인간의 태내에 깃들 수 있는 기회를 얻은 상태로서의 생명의 주체, 즉 주인공을 의미합니다. 이것은 결생結生의 종자식을 말하는 것이지요. 이 종자식은 애증愛憎의 두 가지 마음을 가지고 입태入胎를 하는 것입니다.

(4) 명색名色: 이미 모체母體의 태내에 깃들어서 몸과 마음이 발생하는 단계를 말합니다.(수정 후 약 1~4주) (5) 육입六入: 모친의 태내에 깃들어 형체를 이루고 육근, 즉 안이비설신의의 기관이 발생하는 때를 말합니다.(약 5~8주) (6) 촉觸: 이것은 모친의 태내에서 색을 구분하고 소리를 듣기 시작하는 능력과 들을 수 있는 능력으로서의 감각기관과 대상의 저촉감이 발생하는 단계입니다.(약 2~3개월)

(7) 수受: 이것은 몸과 마음으로 사물을 구분하거나 귀로 소리(音)를 듣고 받아들일 수 있는 고·락·사 등의 감수능력이 생기는 단계입니다.(약 3~4개월) (8) 애愛: 이것은 본능적인 충

동과 집착심으로 사물을 추구하고 무의식화되어 있던 애증의 마음이 의식화되는 단계를 말합니다. 그러나 이때의 의식화 과정을 현대의 생명과학에서는 애증의식의 첫발생으로밖에 볼 수 없는 것이죠.(약 5~6개월) (9) 취取: 이것은 태아의 심신 이 발달함에 따라서 욕심이 생겨서 색성향미촉법의 본능적 욕 구를 위해 적극적으로 받아들이고 취하고 독점하려고 하는 집 착심이 생기는 단계를 말합니다.(약 6~8개월)

(10) 유有: 이 세상에서 여러 가지 번뇌를 구비하여 미래의 업業의 씨앗을 만들 수 있는 완성된 존재로서의 인격이 형성 된 것을 말합니다.(약 8~10개월) 이상의 제3부터 제10까지는 태아기胎兒期에 속합니다.

(11) 생生: 이 세상에 태어나는 순간을 말합니다.(우비고뇌憂 悲苦惱를 지니고 태어남) (12) 노사老死: 이것은 태어나서 늙어 가며 죽을 때까지의 과정을 말하는 것으로, 금생의 행위의 선 악에 의해, 또 미래의 세상에서 각각의 과보를 받게 되는 업 을 짓는 기간을 말합니다. 즉 내세에 생을 받을 때까지 노사의 과정에서 행한 업業으로 미래를 예정하고 있다고 보는 것입 니다. 그리고 사람이 죽을 때 일으키는 애욕愛欲에 세 가지가 있다고 합니다. ①육신肉身에 대한 애착인 자체애自體愛 ②처 자·재물 등에 대한 애착인 경계애境界愛 ③내생에 받을 생을

애착하는 당생애當生愛가 그것입니다.

그러나 『반야심경』에서는 무무명無無明 역무무명진亦無無明
盡이라고 합니다. 관자재보살이 반야지般若智로써 비추어 보니
까 무명의 본성이 공하여 생성과 소멸의 현상도 인연에 의한
것일 뿐 그 실체가 없으므로, 무명無明도 없고 또한 무명이 다
한다고 하는 것도 없다고 하는 것이지요. 또 『반야심경약소연
주기』에서는 "본래 청정한 마음이 무명으로 인하여 잠에 들어
사상四相의 꿈을 꾸며 온갖 번뇌를 일으키다가, 이제 반야지를
얻어 나날이 번뇌의 꿈을 깨뜨리고 모든 법이 공성의 것이라
고 알아차리므로 악한 원인이 사라졌다"라고 합니다.

그리고 내지무노사乃至無老死 역무노사진亦無老死盡이라고 하
는데, 그 내지乃至는 두 번째의 행行으로부터 식·명색·육입·
촉·수·애·취·유·생을 생략하고 노사를 말하고 있는 것입니
다. 그러한 행으로부터 노사라고 하는 것까지도 없고, 또한 노
사가 다한다고 하는 것도 없다고 하는 것이지요. 즉 반야의 지
혜를 체득하면 십이인연이라고 하는 나고 죽고 하는 것도 본
래는 없는 공성의 것인데 인연 따라 생겨 나온 것이라고 하는
것입니다. 왜냐하면 본래 공성空性으로부터 인연에 의해 전개
된 허망虛妄한 것이기 때문입니다. 『금강경』에서 "범소유상이
개시허망이라"고 하는 것이 이것을 말하는 것이지요.

(3) 십이품생사十二品生死

특히 죽음에는 십이품생사十二品生死라고 해서 『십이품생사
경』에 나온 열두 가지 죽음, 즉 성인부터 삼도의 중생이 겪는
열두 가지의 죽음이 있다고 설합니다. 『십이품생사경』에 이르
기를 "부처님께서 말씀하셨다. '사람의 죽음에는 열두 가지가
있다. 첫째, 무여사無餘死는 남김 없고 집착 없는 아라한의 죽
음이다. 둘째, 도어사度於死는 생사의 굴레를 넘어선 죽음으로
이 세계에 다시 돌아오지 않는 아나함의 죽음이다. 셋째, 유여
사有餘死는 남김이 있어 다시 이 세계로 돌아오는 사다함의 죽
음이다. 넷째, 학도사學度死는 죽음에 대한 배움으로 도의 자
취를 본 수다원의 죽음이다. 다섯째, 무기사無欺死는 거짓 없
이 여덟 가지가 평등한 사람의 죽음이다. 여섯째, 환희사歡喜死
는 죽음에 임해 기꺼이 일심으로 행하는 사람의 죽음이다. 일
곱째, 수수사數數死는 수없이 죽는 악행하는 사람의 죽음이다.
여덟째, 회사悔死는 후회하며 죽는 범부의 죽음이다. 아홉째,
횡사橫死는 급작스러운 고독하고 괴로운 죽음이다. 열째, 박착
사縛著死는 얽매어 있는 축생의 죽음이다. 열한째, 소란사燒爛
死는 살이 타서 이지러지는 지옥에서의 죽음이다. 열두째, 기
갈사飢渴死는 목마르고 굶주린 아귀의 죽음이다"라고 하였습
니다.

이것은 세존께서 비구들을 위하여 사향사과四向四果의 성인부터 삼악도의 중생에 이르기까지 겪는 열두 가지 생사에 대해 설한 것으로, 이러한 생사의 경계로부터 벗어나기 위해 범행梵行과 청정한 마음으로 정진할 것을 가르치는 내용입니다. 그리고 이상과 같은 십이연기론은 경전에서는 인생의 생로병사와 윤회의 과정을 너무도 자세하게 설하고 있는 것입니다.

(4) 십이인연관

십이인연관이라는 십이연기에 대한 관찰은 사제四諦에 대한 관찰과 함께 가장 기초적이고 핵심적인 관법입니다. 그 생성의 관계에 대하여 순서 그대로 행하는 관찰을 순관順觀이라 하고, 소멸하는 관계로 행하는 관찰을 역관逆觀이라 하는데, 이 두 가지 관찰법이 통일되어야 십이인연의 진실이 드러나게 됩니다. 『대승아비달마잡집론』 권4에 따르면 무명에 의지하여 행이 있다는 등 순관은 미혹의 생기에 대한 순차적 관찰로서 잡염순관雜染順觀이라 하고, 노사 등 각 지에서 고·집·멸·도의 사제를 세우고 노사에서 역으로 미혹의 생기를 관찰하는 방식을 잡염역관雜染逆觀이라 합니다. 무명이 소멸함으로 말미암아 행도 소멸하는 등 순차적으로 관찰하여 깨달음을 실현하는 방식은 청정순관淸淨順觀이라 하고, 노사의 소멸로 말미

암아 생도 소멸한다고 관찰하는 방식은 청정역관淸淨逆觀이라
합니다.

그리고 이어서 이르기를 "마땅히 이와 같이 인연으로 일어
나는 이치를 관찰해야 한다. 모든 존재는 무엇이나 인연으로
발생한다. 다만 법계의 법처 중 일부분인 모든 무위법은 여기
에 포함되지 않는다. 어떤 원인도 없다는 무인론이나 불평등
한 원인인 자아에 대한 집착을 버리기 위하여 인연의 발생을
관찰하라"라고 합니다.『대비바사론』의 설에 따르면, 무명과
행을 제외한 10지를 유전문에서 관하고, 깨달음을 실현하는
환멸문에서는 12지를 관한다고 합니다. 그러나 팔리 율장『대
품大品』에는 유전문은 순관이고 환멸문은 역관이라 하였는데,
지금까지 이 설이 채용되는 것이 보통입니다. 그리고『이취육
바라밀다경』,『대방등대집경』등에서는 십이인연은 연각의 해
탈법이고, 육바라밀의 인연은 보살의 해탈법으로 부처님이 그
에 맞게 설하셨다고 전합니다.

『화엄경해인도량참의』권26에서는 이르기를 "십이인연은
이승과 삼승에서 별교일승까지 모두 직접 설한다"라고 합니
다. 중생이 현재 생존하는 뿌리와 근본적인 번뇌가 어떻게 성
립하였는지를 밝히는 순관의 방식은 유전문流轉門이고, 그것
을 소멸하여 깨달음에 이르는 역관의 방식은 환멸문還滅門이

라 합니다. 이 개념은 초기경전에는 나타나지 않습니다. 『거력장자소문대승경』에 "만일 중생들이 벽지불승의 교법에 따라 선근이 성숙되어 십이인연의 유전과 환멸을 순서대로 관찰하고, 역으로 관찰한다는 부처님의 말씀을 듣고서 한 점의 의심도 남기지 않고 진실로 깨달아 믿음과 이해를 깊이 일으킨다면 세간에서 번성하고 쇠락하는 사계절의 흐름을 보고도 무상의 도리를 깨달아 홀로 성과(聖果, ārya-phala)를 증득할 것이다"라고 하였습니다. 범부의 식識은 무명을 내적인 특징으로 삼으며 꺼리지 않고 추구하는 욕망인 애, 곧 갈애渴愛를 외부적인 특징으로 삼습니다. 갈애가 대상과 접하며 점차 깊어져 모든 것을 자아로 여김으로써 아집我執을 이루는데 그것이 취입니다. 그러므로 이 오염된 식의 활동으로 훈습되는 식은 반드시 생·로·사 등으로 대표되는 고통과 무상을 겪게 되는 것이고, 또 끝마칠 기약도 없이 반복되는 것입니다.

이 십이인연에 대해 설한 경전으로 『십이인연경』이 있고, 『십이인연경』의 이역본으로 『연기성도경』이 있는데, 다른 본들과 달리 『연기성도경』에는 십이인연설 외에 팔정도八正道도 설하고 있습니다. 경의 내용은 부처님께서 아직 불도佛道를 성취하지 않은 보살이었을 때 세간의 생·로·사의 괴로움을 보시고, 노사老死는 어떤 인연에 의해 생겨나는가 하는 것을 사유하여 노사·생生·유有·수受·애愛·통락痛樂·육입六入·명상名像·식識의 차례대로 생겨남을 아셨고, 다시 무엇을 인연으로 노사가 소멸하는가를 사유하여 노사·생·유·수·애·통양痛痒·갱락更樂·육입·명상·식·앙종殃種·치(癡: 無明)의 차례대로 소멸한다는 것을 아셨다고 합니다. 이 경에 설해진 십이인연설의 특징은 노사가 생겨나는 인연을 차례대로 관찰할 때 식識의 생겨남에 이르고, 노사가 소멸하는 인연을 차례대로 관찰할 때 치痴의 소멸에 이른다고 하는 점입니다.

(5) 사승관지四乘觀智

사승관지四乘觀智란 성문승·연각승·보살승·불승佛乘 등의 사승四乘이 십이인연을 관찰하는 지혜에 수승하고 하열함의 차이가 있는 것을 말합니다. 36권본『대반열반경』권25에 설하기를 "십이연기를 관찰하는 지혜에 네 가지가 있다. 첫째 하열한 지혜로 관찰하는 것(下智觀), 둘째 중간 정도의 지혜로 관찰하는 것(中智觀), 셋째 뛰어난 지혜로 관찰하는 것(上智觀), 넷째 가장 수승한 지혜로 관찰하는 것(上上智觀) 등이다. 하지관은 불성을 보지 못하는 것이니, 불성을 보지 못하기 때문에 성문도를 얻는다. 중지관은 아직 불성을 보지 못하는 것이니, 불성을 보지 못하기 때문에 연각도를 얻는다. 상지관은 불성을 보기는 하지만 명료하게 알지 못하는 것이니, 명료하게 알지 못하기 때문에 십주지十住地에 머문다. 상상지관은 불성을 보고 명료하게 알기 때문에 아뇩다라삼먁삼보리도를 얻는다"라고 하였습니다.

그리고 사승四乘이 도달하는 결과에는 성문승에 의해 성문보리聲聞菩提를 증득하는 것, 연각승에 의해 연각보리緣覺菩提를 증득하는 것, 보살승에 의해 보살보리菩薩菩提를 증득하는 것, 불승佛乘에 의해 불보리佛菩提를 증득하는 것 등의 네 가지 과果가 있습니다. 『관음의소기』 권4에서는 『대반열반경』을 인용하여 이르기를 성문·연각·보살·불보리의 네 가지 지혜에 의해 십이연기를 관찰하여 사승四乘의 과果를 얻는 것을 논하고 있는 것입니다.

이에 천태 지의智顗는 『법화현의』 권3에서 『대반열반경』의 교설을 차례대로 성문승·연각승·보살승·불승의 과果를 증득하는 과정으로 보고, 이를 다시 사교四教의 교판과 관련지어 하지관은 장교藏教의 석지(析智; 분석에 의해 공의 이치를 관하는 것), 중지관은 통교通教의 체지(體智; 현상계가 그대로 공임을 체득하는 것), 상지관은 별교別教의 단중(但中; 空·假와 상즉하지 않는 中), 상상지관은 원교圓教의 부단중(不但中; 공·가와 상즉하는 중)에 배대하고 있는 것입니다.

3. 성문지聲聞地를 설함

(1) 성문이란

성문(聲聞, śrāvaka)이란 삼승三乘의 하나로, 가장 원시적 해석으로는 석존의 음성을 들은 불제자를 말하지만, 대승불교의 발달에 따라서 연각과 보살로 나누어 말을 할 때는 석존의 직접 제자에 국한한 것이 아니고, 부처님의 교법에 의하여 수행을 하더라도 자기의 해탈만을 목적으로 사성제四聖諦의 가르침에 따라 수행하며 사사문과四沙門果를 깨닫고 마침내는 심신을 다 멸진하여 회신멸지灰身滅智의 무여열반에 들기를 목적하는 사람들이라는 뜻입니다. 사제관四諦觀을 하고 스스로 아라한이 되기를 이상으로 하는 불도 수행자를 말하는 것이지요. 『유가사지론석』에 이르기를 "성문지란 무엇인가? 부처님의 성스런 가르침은 친설의 말씀으로 전수된 것을 으뜸으로 치는데, 스승이나 벗으로부터 이 가르침을 직접 소리로 들어서 반복하여 닦고 깨달아 영원히 세간에서 벗어나는 것을 말한다. 수행과 그 과보가 작기 때문에 성문이라 하며, 이와 같이 성문의 종성種性이 발심 수행하여 얻은 일체의 과보를 통틀어 성문지라고 한다"라고 하였습니다.

　그리고 『법화론法華論』에서는 결정성문(決定聲聞; 아라한과를 얻는 것이 정해져 있는 성문)·증상만성문(增上慢聲聞; 아직 증득하지 않았는데 증득했다고 생각하여 만심慢心을 일으키는 성문)·퇴보리심성문(退菩提心聲聞; 대승을 물리치고 소승을 배우고 있는 성문. 退大聲聞이라고도 함)·응화변성문(應化變聲聞; 불보살이 중생교화를 위하여 변화한 성문. 變化聲聞이라고도 함) 등의 4종 성문을 말하고 있으며, 『법화경』에서는 앞의 4종 성문에다 대승성문(大乘聲聞; 佛道聲聞)을 더하여 5종 성문을 말하는데, 대승성문이란 불도佛道의 소리를 다른 이에게 설하여 듣게 하고, 소승의 경지에 안주하지 않고 불과佛果에 돌아가게 하는 성문을 말합니다.

그리고 또 『대승의장大乘義章』 17본에 의하면 성문이란 이름의 해석이 3가지가 있다고 합니다. 즉 "①득도得道의 인연에 따라 해석하는 것: 여래가 설한 언교言教를 듣고 깨달았으므로 성문이라 한다. ②관觀하는 법문에 따라 해석하는 것: 아我·중생衆生·인人 등은 오직 이름만 있고 실상實相이 없으므로 지목하여 소리(聲)라 하며 이 소리(我·衆生·人 등)를 관하는 것을 말하고, 무아無我·무중생無衆生의 뜻을 해석하는 것을 문聞이라 한다. ③타지他地의 불설에 따라 해석하는 것: 부처님이 설한 일승一乘의 법지法旨를 소리(聲)라 하고, 중생이 듣고 깨달아 아는 것을 문聞이라 한다"라고 합니다. 이를 성문삼석聲聞三

釋이라고 하는 것입니다.

이러한 성문에는 다섯 가지 특징이 있으니, 즉 인집因集·외고畏苦·사심捨心·의지依止·관觀 등 다섯 가지를 말합니다. 『십지경론』권4에 이르기를 "성문에게는 다섯 가지 특징이 있으니, 첫째는 인집, 둘째는 외고, 셋째는 사심, 넷째는 의지, 다섯째는 관이다. 이렇게 협소하고 열등한 것이 성문의 마음이다. 인집이란 무엇인가? 수행이 미약하고 선근이 적어서 단지 자신의 이익만을 위하는 것으로 경전에서 '그 마음이 좁고 용렬하다'라고 한 경우와 같다. 외고란 무엇인가? 경전에서 '마음으로 삼계를 두려워한다'고 한 경우와 같다. 사심이란 무엇인가? 중생을 버리는 것이니 경전에서 '커다란 자비를 멀리 여읜다'라고 한 경우와 같다. 의지란 스승의 가르침에 의지하는 것이다. 관이란 음성을 생각하는 것이다. 어떤 것이 음성인가? 아我·중생 등이니 이름만 있는 것이다. 이와 같이 음성을 따라 이해하여 중생의 무아無我에는 증입하되 법무아法無我에는 증입하지 못하니, 마치 경전에서 '다른 이에게서 말을 듣고 통달하며, 다른 이의 말을 듣고 이해하여 성문승이 된다'고 한 경우와 같다"라고 하였습니다.

(2) 사성제도 공성의 것이며

⑩ 무고집멸도無苦集滅道

이제부터는 사성제(四聖諦, catur-ārya-satya)에 대해 설하고 있습니다. 사성제란 제諦는 범어 satya의 번역이며, 진리의 뜻으로 4종의 틀림없는 진리를 말합니다. 사성제는 성문聲聞이 수행하는 바로서 이것은 '최승법설最勝法說'이라고도 말합니다.

이 사성제는 부처님께서 사위국 기수급고독원에 계실 때 설하신 사제의 법을 중심으로 인식과 수행과 깨달음 등의 인과를 나타내는 고·집·멸·도 등 네 가지의 근본적인 진리를 말합니다. '성'이란 오로지 성인의 경지에서 본 진리로서 범부가 인식할 수 있는 대상이 아니라는 뜻이고, '제'란 진실하여 거짓이 없다는 뜻입니다.

이 사성제는 부처님이 최초의 설법으로서 초기 불교 교의의 근본이고 모든 지혜가 파생되는 원천이기도 한 것입니다. 순서대로 보면, 고성제苦聖諦·집성제集聖諦·멸성제滅聖諦·도성제道聖諦등 입니다. '고'란 현실적으로 두루 퍼져 있는 미망의 결과이고, '집'이란 그 미망의 원인을 나타냅니다. '멸'이란 미망이 모두 소멸한 깨달음의 결과이고, '도'란 그것에 이르기 위한 원인으로서의 수행을 가리키는 것입니다. 『중아함경』권7 「분별성제경」등의 설에 따르면 다음과 같습니다.

"① 고성제(duḥkha-satya): '고'란 몸과 마음을 시달리게 하여 괴로운 상태를 뜻한다. 세간의 모든 현상을 자세히 살펴보면 유정·무정을 막론하고 괴로움을 당하지 않는 존재는 없고, 세속의 모든 것은 본질적으로 '고'이다. 생·로·병·사 등 사고四苦를 비롯하여 모든 현실이 하나도 빠짐없이 고로 관찰된다.

② 집성제(samudaya-satya): '집'이란 불러 모은다는 뜻이다. 모든 번뇌의 혹업惑業이 삼계에서 생사를 반복하는 괴로운 결과를 불러 모으는 원인이 된다. 세간의 모든 고통의 발생과 그 근원에 관한 진실이다.

③ 멸성제(nirodha-satya): '멸'이란 모든 괴로움이 고요하게 소멸했다는 뜻이다. 고의 근본을 끊어 없애고 들어가는 열반의 경계이다. 고의 원인과 결과가 모두 소멸된 경지를 나타낸다.

④ 도성제(mārga-satya): '도'란 고통을 소멸하는 방법이라는 뜻이다. 정견正見·정사유正思惟 등의 팔정도八正道를 말한다. 이것에 따라서 수행하면 고·집의 이제를 넘어서 고요한 열반의 경지에 이를 수가 있다."

이상의 사성제는 부처님께서 성도하신 후에 녹야원鹿野苑에서 다섯 비구에게 설하신 최초의 설법으로 이것을 초전법륜初轉法輪이라고 합니다. 사성제에는 근본 교의뿐만 아니라 생사의 고에서 벗어나 해탈하는 방법과 지혜가 모두 들어 있습니다. 그러나 근기 또는 이승·삼승의 지혜 수준에 따라 성문의 경계일지 보살의 경계일지가 달라지는 것이지요.(사승관지 참조)

한편, 이 고집멸도의 사제四諦 가운데 고苦와 집集은 미망迷妄의 세계의 인과관계를 나타내고, 멸과 도는 증오證悟, 즉 깨달음의 세계의 인과관계를 나타냅니다. 이와 같은 고집멸도의 도리는 성문승聲聞乘의 사람이 수행을 하여 깨달음을 열게 됩니다. 그러나 반야의 지혜를 체득하고 보면 이 사성제 또한 본래는 없는 것이라고 하는 것입니다. 다만 인연에 의해 나타났으니 다시 본래의 자리로 돌아가자고 하는 것이지요. 그러니 인간의 사고팔고四苦八苦라고 하는 것도 본래는 없다고 하는 것입니다.

그리고 인간고의 원인이 되고 있는 그 인간의 나쁜 쪽의 욕심을 '번뇌'라고 부릅니다. 인간에게 있어서는 이 번뇌를 제거하지 않으면 생명의 위대한 발전을 기할 수가 없다고 보는 것이지요. 이러한 점에서 사성제는 종교적인 치료학이라고 볼 수도 있습니다. 그 사성제란 다음과 같이 설명될 수 있습니다.

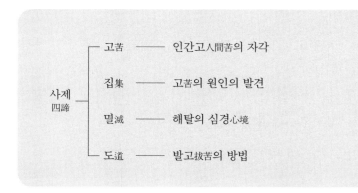

	고苦 —— 인간고人間苦의 자각
사제 四諦	집集 —— 고苦의 원인의 발견
	멸滅 —— 해탈의 심경心境
	도道 —— 발고拔苦의 방법

　　고집멸도의 사제의 진리는, 경전 주석자의 말에 의하면 붓
다 세존 당시 인도의학의 술어였다고 합니다. 치료를 위해서
는 병의 근원을 아는 것이 중요하다고 하는 것이지요.『잡아함
경』권15에 이 설이 상세히 소개되어 있습니다. 이것들은 결
국 4가지 진리의 제1의 고는 '미혹의 이 세상은 모두가 고苦이
고 비애悲哀'라고 하는 것. 제2의 집은 '고苦의 원인은 구해도
만족할 줄 모르는 애집愛執으로 끌어 모으는 집합체'라고 하는
것. 제3의 멸은 '그 애집과 집합체의 완전한 절멸絶滅과 제어
가 고를 멸하는 궁극의 이상경理想境'이라고 하는 것. 제4의 도
는 '이와 같은 고멸苦滅의 경지에 가기 위한 길 또는 방법은 팔
정도八正道의 올바른 수행도에 의하지 않으면 안 된다'고 하는
것입니다.

(3) 팔정도

그리고 인간고의 원인이 되고 있는 그 인간의 나쁜 쪽의 욕심을 '번뇌'라고 부릅니다. 인간에게 있어서는 이 번뇌를 제거하지 않으면 생명의 위대한 발전을 기할 수가 없다고 보는 것이지요. 이러한 점에서 사성제는 종교적인 치료학이라고 볼 수도 있습니다. 여기에 성문승의 사람은 이 도리를 깨닫기 위해서 멸제·도제를 수행하는 것입니다. 도제를 수행하면 고제도 집제도 멸하고 없어져 버리고 맙니다. 도제란 고苦를 멸하는 방법으로 이것을 팔정도八正道라고 합니다.

팔정도(八正道, āryāṣṭāṅga-mārga)란 불교의 실천 수행하는 중요한 종목을 단계별로 8종으로 나눈 것입니다. 즉 팔정도는 욕락과 고행 등의 극단을 떠난 중도中道로서, 올바른 깨달음으로 인도하기 위한 가장 합리적인 방법으로 되어 있습니다. 이 팔정도는 중정中正·중도中道의 완전한 수행법이므로 정도正道, 성인의 도道이므로 성도聖道라고 합니다. 그것은 다음과 같습니다.

(1) 정견正見은 바로 보는 것이며 불교의 바른 세계관과 인생관으로서의 인연과 사제四諦에 관한 지혜입니다. 그러나 아직도 이 지혜를 확립하지 못한 자에게는 바른 신앙으로 나타납니다.

(2) 정사유正思惟란 신어身語에 의한 행위를 하기 전에 바른 의사 또는 결의를 가리킵니다. 출가자라면 출가자다운 유화柔和롭고 자비로운 충정의 마음으로 사유思惟하는 일입니다.

(3) 정어正語란 정사유 뒤에 생기는 바른 언어적 행위입니다. 망어妄語·악구惡口·양설兩說·기어綺語를 하지 않고 진실하고 남을 사랑하며 융화시키는 유익한 말을 하는 일입니다.

(4) 정업正業이란 정사유·정어 뒤에 생기는 바른 신체적 정신적 행위입니다. 살생·투도·사음을 떠난 생명에의 애호와 도덕성을 지키는 등의 선행을 하는 일입니다.

(5) 정명正命이란 바른 생활입니다. 이것은 바른 직업에 의해 바르게 생활하는 것이지만 일상생활을 규칙적으로 하는 것이기도 합니다. 일상생활에 있어서 규칙적인 생활을 함으로써 건강이 증진되고 일의 능률도 향상되며, 건전한 수행이 되는 것입니다.

(6) 정정진正精進이란 용기를 가지고 바르게 노력하는 것입니다. 정진이란 이상을 향해 노력하는 것이며, 그것은 종교적·육체적 건강상의 모든 면에서 이상으로서의 선善을 낳고 증대시키되, 이에 어긋나는 악을 제거하도록 노력하는 것을 가리킵니다.

(7) 정념正念이란 올바른 의식을 가지고 이상과 목적을 언제

나 잊지 않는 일입니다. 불교적인 정념이란 무상·고·무아 등을 언제나 염두에 두고 잊지 않는 일입니다.

(8) 정정正定이란 정신통일을 말하며, 특히 사선정四禪定을 가리킵니다. 사선정과 같은 깊은 선정은 일반인으로서는 얻을 수 없는 것이라 하더라도 일상생활에서도 마음을 안정시키고 정신을 집중하는 것은 올바른 지혜를 얻거나 활용하기 위해 필요합니다. 명경지수明鏡止水와 같은 흐림이 없는 마음과 무념무상과 같은 마음의 상태는 정정正定이 진전된 것입니다.

여기에서 정견正見은 나머지 일곱을 달성하기 위한 목적이 됩니다. 그리고 팔정도는 여덟 가지 항목이지만, 이것은 하나의 성도聖道를 이루는 각 부분이 되는 것이며, 여덟 가지는 일체로서 유기적으로 결합되어 있기 때문에 별개의 것이 아닌 것입니다. 또한 팔정도를 계戒·정定·혜慧 삼학과 관계 지어 보면 정견·정사유는 혜慧이며, 정어·정업·정명은 계戒이고, 정정진은 삼학에 공통이며, 정념·정정은 정定과 관계 지을 수가 있습니다. 곧 부처님이 최초의 법문 가운데서 이것을 말씀하신 것이며, 사성제·십이연기와 함께 초기 불교의 근본 교의敎義가 되는 것입니다.

그리고 이 팔정도는 범부중생을 미혹 세계인 이곳에서 깨달음의 세계인 저쪽 피안으로 건네주는 힘을 가지고 있으므로 배(船)나 뗏목(筏)으로 비유하여 팔도八道의 선팔벌船八筏이라고도 합니다.

　요컨대 팔정도라고 하는 것은 불법을 들음으로부터 지혜를 내어 5가지 쌓임(五蘊)이 무상하고 괴로운 것인 줄을 믿으면 그것을 바른 소견(正見)이라 하고, 이 지혜로 생각을 좇으면서 내면 바른 생각(正思惟)이라 하며, 바른 생각으로써 모든 불선不善을 끊고 모든 선한 업을 닦아 익혀 정진을 행하면 바른 노력(正精進)이라 하고, 그로부터 차차 바른 말(正語)과 바른 행위(正業)와 바른 생활(正命)의 세 가지 도(三道分)를 얻으며, 이 올바른 계행으로부터 다음에는 염처念處와 모든 선정禪定을 이루며, 이 염처와 선정으로 인하여 여실如實한 지혜 즉 공성空性의 지혜를 얻는 것이니, 이것을 팔정도라고 하는 것입니다.

　또 팔정도분 중에는 계율은 응당 첫 번에 있어야 합니다. 왜냐하면 계와 정과 혜의 순서로 뜻이 되어 있기 때문입니다. 바른 기억(念)과 바른 선정은 선정의 품류라 하고, 정진은 항상 어디서나 두루 행하며, 지혜의 품류는 도에 가깝기 때문에 뒤에다 붙여서 말합니다. 이 지혜는 거칠고 정밀한 두 가지 종류가 있습니다. 거칠다는 것은 문혜聞慧와 사혜思慧로서 바른 생각이라 하며, 정밀하다는 것은 수혜修慧로서 난위煖位의 법들 중에 들어가 능히 붙인 이름과 다섯 가지 쌓임의 법을 부수기 때문에 그것을 바른 소견이라고 한 것입니다. 이 바른 소견으로 다섯 가지 쌓임이 없어지는 것을 보는 것을 처음으로 '도에 든다(入道)'고 합니다(『성실론』). 또 이 팔정도를 수행하면 고제도 집제도 없어지기 때문에 멸제라고 하는 것입니다.

그리고 반야의 지혜에 의해서 일체 모든 것이 공성의 것이었다고 깨닫고 보니 사성제라고 하는 것도 실은 없는 것이라고 설한 것입니다. 사성제를 설한 것은 결국 인간을 구제하기 위한 방편이었던 것입니다.

(4) 사제관

사제관(四諦觀, satya-abhisamaya)이란 사성제의 근본진리를 깨닫고자 하는 관법을 말합니다. 모든 현상에 대하여 사제의 진실에 근거하여 있는 그대로 관찰한다고 해서 사제현관四諦現觀 또는 성제현관聖諦現觀이라고도 합니다. 『삼무성론三無性論』에는 지장智障을 벗어나기 위하여 이공진여二空眞如를 관하는 관법을 비안립제관非安立諦觀이라 하고, 번뇌장煩惱障을 벗어나기 위한 관법을 사제관이라고 합니다. 『구사석론』 권12에서는 "만약 어떤 사람이 사제관에서 나오면 견도위(見道位; 見諦)에서 없애야 할 번뇌를 하나도 남김없이 소멸하기 때문에 새롭게 의지처가 되는 몸(轉依)을 얻고 청정한 상속相續이 일어나게 된다"라고 하고, 『신화엄경론』 권6에서는 이르기를 "가령 소승의 교법에 따라 점차적으로 무상·고·공의 이치를 닦고 늙음과 병과 죽음을 싫어하여 사제관을 닦는 것과 같다. 사제 가운데 고제와 집제를 세제世諦로 삼고, 멸제와 도제를 진제眞諦로 삼는다. 고와 그 원인인 집을 관찰하여 진실로 모든 현상이라고 알고 벗어나고자 하는 마음을 절실하게 일으켜 고가 고요히 사라진 적멸의 경지를 추구하는 것이다. 무상관·부정관·백골관 등의 관법으로 저들 미진까지 관찰하여 공관空觀을 이루기 때문에 고와 그 원인인 집이 본래 없고 식識도 소멸하고 지智도 사라지게 된다. 이처럼 공을 증득의 목표로 삼아 고가 사라지게 한 다음에 비로소 그 사람에게 대승의 법을 말해 줌으로써 소승에서 마음을 돌려 모든 법이 공이라는 법공관法空觀을 닦고 육바라밀을 행하여 점차로 자비와 지혜가 생기도록 한다"라고 하였습니다.

(5) 사제십육행상(四諦十六行相, ṣoḍaśa-ākāra)

사선근위四善根位에서 관찰하는 사제四諦의 열여섯 가지 행상을 말하고, 십육행관十六行觀·십육행상관十六行相觀 등이라고도 합니다. 『대승의장』 권9에 이르기를 "사제에 대한 십육행관이란 이관理觀으로 여러 번뇌를 끊는 것이다"라고 합니다.

그 열여섯 가지란 무엇인가 하면, 고제苦諦의 비상非常·고苦·
공空·비아非我, 집제集諦의 인因·집集·생生·연緣, 멸제滅諦의
멸멸滅·정정靜·묘妙·리離, 도제道諦의 도道·여如·행行·출出 등을
말합니다. 구역舊譯에서는 멸제의 정이 진盡, 도제의 여가 정
正, 행이 적迹, 출이 승乘 등으로 한역되었습니다.

『구사론』권26에 이르기를 "고성제에 네 가지 행상이 있으
니, 첫째 비상, 둘째 고, 셋째 공, 넷째 비아이다. 인연에 의존
하므로 비상이며, 핍박받는 성질이 있으므로 고이며, 내 것(我
所)이 실재한다는 견해와 다르므로 공이며, 내(我)가 실재한
다는 견해와 다르므로 비아이다. 집성제에 네 가지 행상이 있
으니, 첫째 인因, 둘째 집集, 셋째 생生, 넷째 연緣이다. 종자에
서 싹이 생겨나는 것과 같은 이치이므로 인이며, 여러 원인들
이 모여 결과가 발현되게 하는 이치이므로 집이며, 결과가 상
속하게 하는 이치이므로 생이며, 간접적인 원인이 되어 결과
가 이루어지게 하는 이치이므로 연이다. 이를 비유하자면 진
흙 덩어리와 원형 나무틀(輪)·먹줄(繩)·물 등의 여러 인연들
이 화합하여 물병 등이 완성되는 경우와 같다. 멸성제에 네 가
지 행상이 있으니, 첫째 멸滅, 둘째 정靜, 셋째 묘妙, 넷째 리離
이다. 오온五蘊이 소멸되므로 멸이며, 탐·진·치 삼화三火가 꺼
지므로 정이며, 온갖 근심들이 없어지므로 묘이며, 온갖 재앙

으로부터 벗어나므로 리이다. 도성제에 네 가지 행상이 있으니, 첫째 도道, 둘째 여如, 셋째 행行, 넷째 출出이다. 열반으로 통행한다는 의미이므로 도이며, 바른 이치에 부합하므로 여이며, 올바르게 열반을 향해 가므로 행이며, 영원히 생사를 초월하므로 출이다. 또한 궁극의 상常인 열반이 아니므로 비상이며, 무거운 짐을 지고 있는 것 같으므로 고이며, 오온의 존재 안에는 자아(士夫)라는 실체가 전혀 없으므로 공이며, 자기 원인으로 존재하지 않으므로 비아이며, 결과를 야기한다는 의미이므로 인이며, 결과를 출현시킨다는 의미이므로 집이며, 결과를 생장시킨다는 의미이므로 생이며, 의존한다는 의미이므로 연이며, 이어지지 않고 상속이 단절되므로 멸이며, 유위법의 세 가지 상을 벗어나므로 정이며, 승의선(勝義善: 涅槃)이므로 묘이며, 지극히 안온하므로 리이며, 사도邪道를 대치하므로 도이며, 진실에 맞지 않는 이치를 대치하므로 여이며, 열반의 궁전으로 들어가므로 행이며, 일체의 윤회하는 생존에서 벗어나므로 출이다"라고 하였습니다.

(6) 삼전법륜

삼전법륜(三轉法輪, tri-dharmacakra)이란 부처님께서 녹야원에서 사성제四聖諦를 시전示轉·권전勸轉·증전證轉 등 세 가지 방법으로 말씀하신 것으로, 세 번에 걸쳐 모두 열두 가지 최상의 가르침을 베푸셨기 때문에 삼전십이행무상법륜三轉十二行無上法輪이라고도 합니다. ①시전: '이것은 고苦이고, 이것은 집集이며, 이것은 멸滅이고, 이것은 도道이다'라고 사성제의 각각에 대하여 말씀하신 것. ②권전: '고를 알아야 하고, 집을 끊어야 하며, 멸을 깨달아야 하고, 도를 닦아야 한다'라고 사성제에 대한 수행을 권장하신 것. ③증전: '고는 내가 이미 알았고, 집을 내가 이미 끊었으며, 멸은 내가 이미 깨달았고, 도는 내가 이미 닦았다'라고 스스로 자신의 깨달음을 들어 보임으로써 다른 이들이 깨닫도록 한 것을 말합니다.

시전에 의하여 상근기가, 권전에 의하여 중근기가, 증전에 의하여 하근기가 깨달음을 얻는다고 하며, 삼전三轉 각각을 견도見道·수도修道·무학도無學道 등에 배대하기도 합니다. 『유마경의소』 권2에 이르기를 "삼전법륜의 삼전이란 첫째는 시전이니 '이것은 고이고, 이것은 집이며, 이것은 멸이고, 이것은 도이다'라고 한 것이다. 둘째는 권전이니 '고를 알아야 하고, 집을 끊어야 하며, 멸을 깨달아야 하고, 도를 닦아야 한다'라고 권장한 것이다. 셋째는 증전이니 '내가 이미 고를 알았으니 다시 알아야 하는 것이 아니고, 내가 이미 집을 끊었으니 다시 끊어야 하는 것이 아니며, 내가 이미 멸을 깨달았으니 다시 증득해야 하는 것이 아니고, 내가 이미 도를 닦았으니 다시 닦아야 하는 것이 아니다'라고 한 것이다. 처음 가르침에 안(眼, cakṣus)·지(智, jñāna)·명(明, vidyā)·각(覺, buddhi) 등 네 가지 마음이 생기고, 세 번 가르쳐서 열두 가지 마음이 생겨난 것을 십이행법륜十二行法輪이라고 한다. 아비담사(阿毘曇師, ābhidhārmika)의 주장에 의하면 세 가지 근기의 사람에 따라 십이행이 있고, 성론사(成論師; 성실종의 논사)에 의하면 처음 가르침에 의해 문혜聞慧가 생기고, 그 다음 가르침에 의해 사혜思慧가 생기며, 세 번째 가르침에 의해 수혜修慧가 생긴다"라고 하였습니다.

그리고 『유가사지론』 권95, 『십주비바사론』 권5 등에는 사성제의 이치를 삼단계로 구분하고 그 각각에 세 종류의 행상行相이 있다고 하는 삼전십이행상三轉十二行相을 내세우고 있습니다. 고제를 예로 들면 "초전初轉은 '이것을 고제라고 설한다'라고 하여 갖가지 고의 현실을 보여주는 시전示轉이고, 제2전轉은 '지금껏 몰랐던 고제를 두루 알아야 하고, 아직 끊지 못한 고제를 영원히 끊어야 하며, 증득하지 못한 고제를 증득해야만 한다'라고 하여 고제에 대한 방향을 일러주는 권전勸轉이며, 제3전轉은 고제를 증득하여 '이미 고제의 진실을 두루 알고 닦고 익혔다'라고 하는 증전證轉이다. 나머지 집·멸·도 등

삼제에도 각각 삼전이 있으므로 모두 합하여 12행상이 된다"라고 하는 것입니다.

4. 보살지菩薩地를 설함

(1) 보살이란

보살菩薩이란 범어 bodhi-sattva의 음역으로, 각유정覺有情·도심중생道心衆生 등으로 번역합니다. 위없는 깨달음(無上菩提)을 구하고 중생을 이익케 하고 육바라밀행 등을 수행하여 미래에 부처의 깨달음을 열려고 하는 자를 말합니다. 보살에는 깨달음의 지혜를 구하는 중생이라고 하는 뜻, 혹은 보리(깨달음)와 교화의 대상으로서의 중생인 살타薩埵를 대상으로 하여 자리이타 하는 자, 또는 깨달음을 얻으려고 하는 용맹심 등의 뜻이 있기 때문에 특히 위없는 깨달음을 구하는 대승의 수행자를 마하살타 또는 마하살 등으로 부르고, 2승二乘과 구별하여 이를 보살이라고 부릅니다. 『보요경』권1에서도 "성문과 연각은 토끼나 말과 같다. 비록 생사의 바다를 건넌다고 해도 법의 근본에 통달하지 못한다. 보살대승은 비유컨대 흰 코끼리와 같아서 삼계·십이연기를 잘 알고 이것이 본래 무無인 것을 깨달으며, 일체를 구호하여 구제하지 않음이 없다"라고 하였습니다.

『십지경론』권2에 의하면 보살은 다음과 같은 네 가지 모습을 갖추고 있습니다. "첫째 불도를 성취하기 위한 원인을 모았고(因集), 둘째 중생에게 이익을 주기 위한 작용을 갖추었으며(用), 셋째 중생에게 이익을 주기 위한 힘(彼力), 곧 사섭법四攝法을 갖추었고, 넷째 불퇴전지不退轉地·청정하고 심오한 심지(淨深心地) 등과 같은 지地를 성취하였다"라고 하였습니다.

그리고 보살이 닦는 행을 보살행이라 하고, 불과佛果에 이르게 하는 가르침을 보살승菩薩乘이라고 합니다. 다음으로 보살이라고 하는 위치는 직접적으로 보살도를 성취하기 위한 수행계위를 일컫는 말로 쓰입니다. 즉 성문·연각 등의 이승二乘과 구별 짓는 형태로서 보살의 계위를 일컫게 되는 것입니다. 이승은 자신의 깨달음을 추구하지만, 보살은 자신의 깨달음과 타인의 깨달음을 함께 추구하기 때문에 자신의 열반을 미루고서라도 중생을 구제하려는 마음을 버리지 않는 것입니다.『소품반야경』권7에 "보살이 반야바라밀을 행하면 능히 성문지와 벽지불지를 지나 보살위에 들어가 아뇩다라삼먁삼보리를 얻는다"라고 설합니다. 이 보살에 대해『바라밀경』[1]을 보면 다음과 같이 구분하고 있습니다.

　(1) 초발의初發意보살: prathama-yāna caryām-caramāna

samprasthita. 최초로 대승에 닿아 뜻을 낸 보살.

(2) 행육바라밀行六波羅蜜보살: ṣaṭ-pāramitāyām caryām-caramāna samprasthita. 육바라밀다로 향해 가고 있는 보살.

(3) 불퇴전지不退轉地보살: avinivartnāya. 견도見道에 들어 무생법인無生法忍을 얻어 다시 이승으로 굴러 떨어질 수 없는 보살.

(4) 일생보처一生補處보살: eka-jāti-pratibaddha. 한 번의 생을 이 세상에 묶여 있는 보살로, 다음 생生에는 불佛의 위치에 보하게 되는 보살. 보살의 최고위인 등각等覺을 가리킴.

이상의 네 단계 보살에 대한 교의가 반야부 경전의 내부를 일관하고 있음을 주의하고 이 경을 본다면 도움이 될 것입니다. 그러나 대보살과 소보살은 상대적인 개념으로 어디를 기준으로 하느냐에 따라 달라질 수 있습니다. 만약 십주十住 중 초주初住 이상의 불퇴위를 대보살이라 한다면 십신위十信位에 있는 보살은 소보살이고, 만약 초지初地 이상의 불퇴위를 대보살이라 한다면 지전보살地前菩薩은 소보살이며, 제8 부동지不動地 이상의 불퇴위를 대보살이라 한다면 제7 원행지遠行地 이하의 보살은 소보살입니다. 『무량수경』에 이르기를 "그 열세 번째 부처님의 명호는 무외無畏라 한다. 그 부처님에게는 7백9

십억 대보살의 대중이 있고, 소보살 및 비구는 헤아릴 수조차 없다. 그들은 모두 마땅히 극락에 왕생할 것이다"라고 하고, 『자지기自地己』에는 "대보살이란 초지初地 이상의 보살이다"라고 하였습니다.

(2) 육바라밀 등등도 공성의 것이다.

⑪ 무지역무득

무지역무득無智亦無得이란 지혜도 없고 그 지혜 또한 얻을 것도 없다고 하는 것인데, 여기에서는 육바라밀六波羅蜜을 비롯한 지혜의 도리를 설하고 있습니다. 육바라밀의 6종의 덕목은 보시·지계·인욕·정진·선정·지혜이고, 본문에서는 앞의 다섯은 생략하고 지혜의 지智만을 들고 있습니다. 그리고 『마하반야바라밀경』1의 「구족품」에서는 보살도 부처님과 같이 육바라밀, 삼십칠조도법, 여래의 십력, 사무소외, 사무외지, 십팔불공법 등을 닦아서 구족해야 한다고 설합니다. 보살의 수행전부가 지혜바라밀이 주主인 것입니다.

여기에서 육바라밀 등등이란 육바라밀을 비롯한 삼십칠보리분법 등등 보살의 반야바라밀행을 말하는 것입니다. 그러면 육바라밀이란 무엇인지를 보겠습니다. 육바라밀(六波羅蜜, ṣaṭ-pāramitā)이란 육바라밀다六波羅蜜多·육도六度·육도피안六到彼

岸이라고도 합니다. 피안 즉 열반에 이르기 위하여 보살마하살이 수행하는 대행大行에 여섯 가지가 있다는 것입니다. 즉

(1) 보시바라밀(布施, dāna-pāramitā): 이 보시바라밀은 재재財·무외無畏·법法을 남김없이 주고 베풀면서도 주었다는 생각마저 버림으로써 자기 자신의 탐심을 끊고 집착을 떠나며, 또한 타인의 가난함을 도와주는 윤리적 실천을 말합니다.

(2) 지계바라밀(持戒, śīla-pāramitā): 이 지계바라밀은 재가·출가 모두 대소 일체의 계와 율을 견고히 지켜 악업惡業을 멸하고 몸과 마음의 청정을 얻는 것을 말합니다.

(3) 인욕바라밀(忍辱, kṣānti-pāramitā): 이 인욕바라밀은 타인으로부터 받는 모든 박해나 고통을 잘 참고 도리어 그것을 받아들임으로써 원한과 노여움을 없애고, 제법을 밝게 관찰하여 마음이 안주安住하는 것을 말합니다.

(4) 정진바라밀(精進, vīrya-pāramitā): 이 정진바라밀은 심신을 가다듬어 힘써 선행善行, 특히 여러 바라밀을 꾸준히 실천하여 해태한 마음을 버리고 선법善法을 점점 더 발전시키는 것을 말합니다.

(5) 선정바라밀(禪定, dhyāna-pāramitā): 이 선정바라밀은 마음이 산란하여지는 것을 멈추고 4선禪·8정定·108삼매를 행하여 마음의 평정을 유지하는 것을 말합니다.

(6) 지혜바라밀(智慧, prajñā-pāramitā): 이 지혜바라밀은 어리석음을 고치어 모든 진리를 밝게 아는 예지, 또는 그 여실如實한 진리를 체득하는 것을 말합니다.

또한 반야바라밀을 다시 방편方便・원願・력力・지智의 4바라밀로 나누어 모두 십바라밀이라고도 합니다. 육바라밀은 대승보살의 도道이며, 이러한 사상은 인간 개인과 인류 또는 지구환경을 생각하는 위기의 시대일수록 빛을 발할 것입니다.

그리고 보살이 육바라밀을 행해서 중생을 요익케 한다고 할 때의 보살육도요익菩薩六度饒益이란 보살이 각 바라밀다마다 중생을 이롭게 하는 내용을 달리합니다.『대승장엄경론』권12에서 설한 내용은 다음과 같습니다. ①영기令器: 중생으로 하여금 착한 일을 하는 그릇이 되게 하는 것. ②영금令禁: 자신이 감당할 수 있는 범주 내에서 계바라밀(禁: 옳지 않은 행위를 금하는 것)을 실천하게 하는 것. ③내악耐惡: 온갖 종류의 해로운 일을 견뎌내는 것. ④조선助善: 중생으로 하여금 선을 행하도록 정진바라밀을 도와 선업을 짓게 하는 것. ⑤입법入法: 중생들로 하여금 정법의 세계로 들어가게 하는 것. 이것은 선정바라밀의 일정한 단계에서 얻은 신통력에 의해 가능한 것입니다. ⑥단의斷疑: 중생들로 하여금 의심을 없애도록 하는 것. 지혜바라밀에 의해 범부이든 성인이든 지니고 있던 모든 의심의

타래가 소멸되기 때문입니다. 그리고 보살이 반야바라밀행을 할 때는, 『대품반야경』권6에 의하면 보살마하살은 십지十地에 머물러 방편력으로 육바라밀을 비롯한 삼십칠보리분법과 붓다께서 설하신 반야를 위한 사념처四念處 내지 십팔불공불법을 차례로 행해서 전9지前九地를 지나 불지佛地에 이른다고 하는 것이고, 이것들은 모두 지智로서 표현되고 있는 것입니다. 이에 여기에서는 삼십칠도품만을 간략히 살펴보겠습니다.

(3) 삼십칠보리분법三十七菩提分法

삼십칠보리분법(saptatriṃśad-bodhipākṣa-dharma)이란 지혜를 추구하며 열반의 경계로 들어가는 서른일곱 가지 수행 방법을 말합니다. 삼십칠각지覺支·삼십칠도품·삼십칠조도품助道品 등이라고도 하지요. 서른일곱 가지 법에 따라 행하는 수행으로 순서 그대로 보리를 좇아가므로 보리분법이라고 합니다. 모든 법을 포섭하는 가장 기초적인 교설이자 수행조목이지요. 삼십칠도품은 다음과 같은 7과科로 나누고 있습니다.

첫째 사념처(四念處, catuḥ-smṛty-upasthāna): 이는 사념주四念住라고도 하며 네 가지 대상에 대한 관찰이 수행의 중심이 된다. ①신념처身念處: 이 색신은 모두 청정하지 못한 오염의 덩어리라고 관찰한다. ②수념처受念處: 고苦·락樂 등의 감수작용은 모두 괴로움이라고 관찰한다. ③심념처心念處: 이 식심識心은 찰나마다 생성 소멸하며 결코 일정한 양태로 머물지 않는다고 관찰한다. ④법념처法念處: 모든 법은 인연에서 발생하기에 독립한 본질이 없다. 이는 제법무아諸法無我의 이치와 통한다.

둘째 사정근(四正勤, catuḥ-samyak-prahāṇa 혹은 사정단四正斷): ①이미 발생한 악은 영원히 끊는다. ②아직 발생하지 않은 악은 일어나지 않도록 한다. ③일어나지 않은 선은 발생하도록 한다. ④이미 발생한 선은 더욱 늘어나도록 한다.

셋째 사여의족(四如意足, catvāra ṛddhi-pādāḥ 또는 사신족四神足): ①욕여의족欲如意足: 닦을 법이 소원하는 그대로 만족되기를 바라는 것. ②정진여의족精進如意足: 닦을 법에 대하여 다른 대상이 섞여 들지 않고 한 마음을 온통 기울여 소원하는 그대로 만족시키는 것. ③염여의족念如意足: 닦을 법에 대하여 잊지 않고 기억하여 소원하는 그대로 만족시키는 것. ④사유여의족思惟如意足: 닦을 법을 마음으로 생각하여 잊지 않도록 함으로써 소원하는 그대로 만족시키는 것.

넷째 오근(五根, pañca-indriya): '근'이란 발생하는 주체를 나타내며 이 다섯 가지 근이 모든 선한 법을 일으킬 수 있다는 뜻이다. ①신근信根: 정도正道와 조도법助道法을 돈독하게 믿으

면 이로부터 모든 무루의 선정과 해탈이 일어난다. ②정진근
精進根: 정법을 닦으면서 다른 것이 뒤섞이지 않도록 한다. ③
염근念根: 정법을 기억하여 잊지 않는다. ④정근定根: 마음을
거두어 흐트러지지 않으면 고요하게 안정되는 상태를 말한다.
⑤혜근慧根: 모든 법에 대하여 분명하게 관조하는 작용을 가
리킨다.

　다섯째 오력(五力, pañca-bala): '력'이란 악을 없애고 선을 이
루는 작용력이다. ①신력信力: 신근信根이 늘어나면 모든 의혹
을 물리칠 수 있다. ②정진력精進力: 정진근精進根이 늘어나면
몸과 마음의 게으름을 제거할 수 있다. ③염력念力: 염근念根이
늘어나면 온갖 삿된 상념을 없애고 출세간의 정념에서 쌓은
공덕을 성취할 수 있다. ④정력定力: 정근定根이 늘어나면 갖
가지 산란한 생각을 가라앉히고 온갖 선정禪定을 일으킬 수 있
다. ⑤혜력慧力: 혜근慧根이 늘어나면 삼계의 견혹見惑과 사혹
思惑을 막는다.

　여섯째 칠각분(七覺分, sapta-bodhy-aṅga): 칠각지七覺支라고
도 한다. ①택법각분擇法覺分: 모든 법의 진위眞僞를 간택할 수
있다. ②정진각분精進覺分: 다른 것에 마음이 미혹되지 않고 오
로지 모든 도법道法만 닦는다. ③희각분喜覺分: 진실한 법을 깨
달아 마음이 환희를 얻는다. ④제각분除覺分: 온갖 견해에 물

든 번뇌를 끊어 없앤다. ⑤사각분捨覺分: 자신의 견해로 집착하는 경계를 버리고 떠난다. ⑥정각분定覺分: 일어난 선정禪定을 뚜렷하게 알아차린다. ⑦염각분念覺分: 닦아야 할 도법을 사유한다.

일곱째 팔정도(八正道, āryāṣṭāṅga-mārga): ①정견正見: 진리에 대한 바른 견해. ②정사유正思惟: 마음에 삿된 생각이 없는 것. ③정어正語: 거짓이 없는 말. ④정업正業: 청정한 선업에 머무는 것. ⑤정명正命: 법에 따라 걸식하며 생활하는 것. ⑥정정진正精進: 온갖 도행을 닦으면서 다른 어떤 것에도 물들지 않는 정진. ⑦정념正念: 마음을 기울여 선한 법을 억념憶念하는 것. ⑧정정正定: 몸과 마음이 고요한 상태로 진공眞空의 이치에 바르게 머무는 것을 말합니다.

이상과 같은 삼십칠도품의 미묘한 보리를 성취하는 데 있어서 인행(分)의 문제는『대반야경』권566의 다음 단락에 그 용례가 보입니다. "만일 악한 경계가 움직이고 있다면 속히 그치고, 무기無記가 작용하고 있다면 이 또한 버려야 하며, 선한 경계가 움직이고 있다면 이는 마땅히 부지런히 정진하여 수승한 선근이 더욱 늘어나도록 북돋아 준다. 악하고 선하지 않은 법을 대치하고자 삼십칠묘보리분을 끌어들인다. 악하고 선하지 않은 법이란 탐·진·치를 말한다"라고 하는 것입니다.

그리고 보살은 수행을 통해서 다음과 같은 다섯 가지 자재한 능력을 얻게 됩니다. 보살의 오종자재五種自在라 해서 『대보적경』권68 「변정천수기품遍淨天授記品」에 이르기를 "보살은 자비와 지혜를 함께 굴리고 만행萬行을 구족함으로써 다섯 가지의 자재한 능력을 얻는다"라고 하며 다음과 같이 설하고 있습니다.

"①수명자재壽命自在: 보살은 법신法身의 혜명慧命을 성취하여 이미 생사에서 벗어나는 길을 알고 있다. 오직 중생을 제도하기 위해 상황에 따라 길고 짧은 수명의 상을 드러낼 뿐이니 그 마음에 걸림이 없다. ②생자재生自在: 보살은 중생을 제도하기 위해 대비심으로 어떠한 부류의 몸을 받아도 모든 중생으로 하여금 풍요롭고 이익되게 한다. 따라서 천궁天宮에 머물러도 즐거워하지 않고 지옥에 들어가도 고통스러워하지 않으니, 가고 머무는 것에 걸림이 없다. ③업자재業自在: 보살은 만행萬行을 구족하고, 자비와 지혜를 함께 굴려 중생을 제도하기 위해 신통력을 드러내고 묘법을 설하며 선정에 들거나 고행을 닦거나 한다. 이 모든 것에 조작함이 없이 자연스럽게 맡겨둔 채로 굴려 걸림이 없다. ④각관자재覺觀自在: '각'은 거친 분별, '관'은 미세한 분별을 가리킨다. 보살은 선관禪觀을 닦거나 혹은 중생을 이롭게 하려는 마음을 일으키거나 하면서 여러 가지 형태의 사유를 하지만 산만하거나 복잡한 곳에 흐르지 않는다. 오직 서원에 따라 중생을 제도함에 있어서 평등하게 대하여 걸림이 없다. ⑤중구과보자재衆具果報自在: 보살의 인위因位에서의 수행은 깊고 넓어서 그 과보가 매우 수승하다. 따라서 모든 필요로 하는 물건을 얻기 위해 스스로 어떤 일을 도모하지 않아도 저절로 얻게 되니, 마음이 물들어 걸리는 일이 없다."

(4) 소보살의 지혜

위에서 이 지혜는 보살의 지혜로 붓다의 지혜에는 이르지 못한 소보살小菩薩과 붓다의 지혜에 이른 대보살의 지혜를 구분하고 있습니다. 소보살이란 보살도를 완전히 갖추지 못한 보살로 자리이타, 불퇴전과 보살도 등의 갖가지 보살도를 아직 완전히 구현하지 못한 경계에 있는 보살을 말하는 것입니다. 위의 4종 보살로 보면 초발의 보살과 행육바라밀 보살을 들 수가 있습니다. 『화엄경소』권2에 "4종 중생이 있는데 그들은 눈이 멀게 태어난 사람처럼 여래장을 알지 못한다. 첫째 범부, 둘째 성문, 셋째 벽지불, 넷째 초심보살初心菩薩이다"라고 합니다. 또 『라마가경』권상에 "실상實相의 경계는 성문·연각·소보살이 도달할 수 없는 경계이다. 여러 천신天神과 소보살은 비록 이타행을 할 수 있지만, 번뇌를 아직 모두 제거하지 못했기 때문에 또한 완전히 갖추지 못한 것이다"라고 합니다. 그리고 『대지도론』 권50에서는 "아라한과 벽지불 같은 경우에는 자기를 이롭게 하는 것은 소중하게 여기지만 타인을 이롭게 하는 것은 가볍게 여기기 때문에 완전하게 갖추었다(具足)고 하지 않는다. 여러 천신과 소보살은 비록 타인을 이롭게 할 수는 있지만 번뇌를 스스로 아직 제거하지 못했기 때문에 또한 완전하게 갖추지 못한 것이다"라고 하고, 『법화경문구보정기』 권3에서는 "소보살은 옛날에는 삼아승기겁 동안 닦는 수행자를 소보살이라고 하였는데, 요즘에는 초지初地 이전 수행 단계에 있는 보살을 소보살이라 한다"라고 하였습니다.

그러므로 무지역무득의 역무득亦無得이란 소보살의 경지에서 또한 얻을 것도 없다고 하는 뜻이 되겠습니다. 왜냐하면 불가득不可得이기 때문입니다. 제법실상의 입장에서 어떤 대상도 자성적 실체를 지니고 있지 않기 때문에 얻어 지닐 상相이란 존재하지 않는다는 뜻이지요. 공이므로 불가득이고 불가득이므로 공이니, 불가득은 공의 다른 이름이기도 한 것입니다. 보리유지 삼장이 한역한 『금강경』에 이르기를 "이미 지나버린 마음은 얻을 수 없고, 현재의 마음도 얻을 수 없으며, 아직 일어나지 않은 마음도 얻을 수 없다(過去心不可得 現在心不可得 未

來心不可得)"라고 합니다. 얻을 수 없는 것이니 공이고, 공이니 무득인 것입니다. 왜냐하면 현상계는 공성의 것이거든요.

범부에게는 십팔계의 법이 있고, 연각에게는 십이인연, 성문에게는 사성제, 보살에게는 육바라밀 등등의 법이 있습니다 만 그 어느 것이나 공성空性의 것이라고 하는 것입니다. 그렇기 때문에 아무것도 얻을 것이 없다고 하는 것이지요. 비유하면 병이 낫고 말면 약은 쓸데가 없어지고 맙니다. 그와 같이 범부의 오온과 십팔계는 현상이고, 연각의 십이인연관, 성문의 사성제관, 보살의 육바라밀행은 모두 번뇌의 병을 고치는 약이었던 것입니다. 그러나 반야의 지혜를 얻어서 공성의 이치를 깨닫고 번뇌의 병이 없어지면 본래 공空이었으므로 모두 쓸데가 없어지게 됩니다. 모든 법이 진실한 성품으로서의 자성自性 또는 실체가 없으니 얻을 것이 없다는 것이지요. 이것을 얻을 것이 없었다고 설한 것입니다. 실로 관자재보살이 조견照見, 즉 '관조해 보았더니'라고 하는 것은 여기까지로 보입니다. 그러면서 '얻을 것도 없었기 때문에'라고 하는 현재형으로 넘어오는 과정이 '이무소득고'인 것이지요.

⑫ 이무소득고

이무소득고以無所得故란 앞의 구절을 받아 후의 글을 이끌어내

는 말입니다. 앞에서 오온·십이처·십팔계도 없으며 십이인연
도 사성제도 6도 등등도 없다고 하고, 또 얻을 바도 없다고 한
것을 거듭해서 '얻을 바도 없었기 때문에'라고 하면서 다음의
구절을 이끌어내는 말입니다. 조견, 즉 관조해 살펴보았더니
'모두가 공성의 것이었기 때문에 얻을 것이 없는 것이어서' 보
살은 반야바라밀에 의지하였다고 하는 것이거든요.

　36권본『대반열반경』권15에서는 이르기를 "무소득은 아뇩
다라삼먁삼보리라고 한다. 보살마하살이 아뇩다라삼먁삼보리
를 얻을 때는 어느 것에 대해서도 특정 견해에 빠지는 일은 없
다. 그러므로 보살을 무소득이라 한다. 유소득이란 성문의 보
리와 연각의 보리라고 한다. 보살은 영원히 이승二乘의 보리를
끊었다. 그러므로 보살은 무소득이라 한다"라고 했습니다.『대
품반야경』권1에서도 이르기를 "다시 사리불이여, 보살이 보
살보다 뛰어난 지위에 도달하고자 하면 반야바라밀을 배워야
하고, 성문과 벽지불의 지위를 넘어서 불퇴전의 지위에 도달
하고자 하면 반야바라밀을 배워야 한다. 보살이 육신통에 머
물고자 하면 반야바라밀을 배워야 하고, 모든 중생의 의지가
지향하는 것을 알고자 하면 반야바라밀을 배워야 하고, 보살
이 모든 성문·벽지불보다 뛰어난 지혜를 얻고자 하면 반야바
라밀을 배워야 한다"라고 하는 것입니다.

Ⅲ. 대보살의 반야바라밀

1. 보살의 지혜란 무엇인가

(1) 보살의 지혜

보살의 지혜(菩薩智)란 세간과 출세간의 모든 차별된 법을 널리 성취한 보살의 지혜를 말합니다. 보살지의 진실은 부처님의 궁극적 지혜인 여래지如來智·불지佛智와 이승二乘의 지혜인 성문지聲聞智 등과 비교하여 그 차이점을 드러내기도 합니다. 보살지는 일부에 국한된 성문지의 한계를 벗어나 보리와 열반에 대해서도 집착하지 않고 분별이 없으므로 궁극적인 지혜인 부처님의 여래지로 들어갈 수 있습니다. 『대품반야경』권21에 따르면 성문지는 일체지一切智, 보살지는 도종지道種智, 불지佛智는 일체종지一切種智 등으로 구분됩니다. 『보살지지경』권10에서는 "보살의 지혜와 부처님의 지혜는 어떤 차이가 있는가? 구경지究竟地에 있는 보살의 지혜는 마치 얇은 비단을 통해 보는 것과 같으나, 부처님의 지혜는 그것마저 없이 꿰뚫어본다"
라고 합니다.

(2) 성문과 보살의 지혜 차이

『섭대승론석』 권8에서는 성문의 지혜와 보살의 지혜가 다음
과 같이 다섯 가지 측면에서 다르다는 것을 밝힙니다. 여기
에서 성문은 2승으로서의 연각의 지혜까지를 의미하고 있습
니다.

첫째, 무분별의 차이란 성문의 지혜는 네 가지 전도를 무분
별이라 착각하고(열반의 常·樂·我·淨을 無常·無樂·無我·不淨이
라 집착하는 것), 보살의 지혜는 모든 법에서부터 깨달음에 이
르기까지 그 모든 것에 대하여 진실로 무분별이다. 둘째, 일부
분에 제한되지 않는 차이이니, 여기에 다시 세 가지 차이가 있
다. 하나는 진여를 통달하는 데 일부분에 한정되지 않는 차이
이다. 곧 성문은 진여관에 들어갈 때 다만 보특가라(補特伽羅,
pudgala; 人)가 공空이요 무아無我라는 인무아의 이치에만 통달
하지만, 모든 보살은 진여관에 들어갈 때 보특가라를 비롯하
여 모든 법이 공이요 무아라는 이치(人無我·法無我)를 함께 갖
추어 통달한다. 둘은 인식대상이 일부분에 한정되지 않는 차
이이다. 곧 성문 등은 다만 고제苦諦 등에 대해서 지혜가 생기

기만 하면 닦아 익혀야 할 것들이 모두 이루어졌다고 하지만, 이 모든 보살은 두루 모든 인식대상에 대해 전도가 없는 지혜가 발생하여 비로소 닦아 익혀야 할 것들이 모두 이루어졌다고 한다. 셋째, 제도해야 할 중생이 일부분에 한정되지 않는 차이이다. 곧 성문 등은 오직 자리自利의 진지(盡智, kṣaya-jñāna)와 무생지(無生智, anutpāda-jñāna)만을 구하여 부지런히 수행하지만 모든 보살은 중생을 두루 제도하기 위하여 근본적인 보리(大菩提)를 구한다. 이 세 가지에 있어 일부분에 제한되지 않는 차이가 성문과 보살의 각기 다른 지혜의 차이이다"라고 합니다. 이에 『법화문구』에서 일日·월月·성星·형螢 등의 네 종류의 빛의 차별을 가지고 불·보살·연각·성문 등이 각각 지니는 지혜의 차별을 비유하고 있는 것입니다.

2. 반야 체험의 경지

⑬ 보리살타, 의반야바라밀다고, 심무가애

그리고 여기서부터는 보리살타, 즉 대보살의 반야般若 체험의 경지를 설하고 있습니다. 반야, 즉 크나큰 지혜를 얻은 경지를 말하고 있습니다. 『만선동귀집』에서도 이르기를 "어떤 선善이라고 할지라도 반야가 없다면 헛되어서 번뇌의 원인이 될 것이며 무위과無爲果에 계합되지 못할 것이다. 그러므로 알라. 반야는 험악한 삼악도의 험악한 길에서 헤어 나오는 길잡이이며, 어두운 방안을 밝혀 주는 밝은 등불이고, 생사윤회의 바다를 헤쳐 나갈 수 있도록 하는 지혜로운 노이며, 번뇌라는 병을 고치는 뛰어난 의사이고, 삿된 견해의 산더미를 부수는 거대한 바람이며, 마구니를 물리치는 용맹한 장수이고, 어두운 길을 비추는 밝은 태양이며, 잠자는 의식을 일깨우는 신속한 천둥이고, 맹인의 눈을 도려내는 금비이며, 갈애를 해소시켜 주는 감로이고, 어리석음의 그물을 절단하는 지혜의 칼이며, 가난한 사람에게 제공되는 보배 구슬인 것이다"라고 하였습니다.

그러므로 **보리살타**菩提薩埵란 여기에서는 불지佛地에 들기 전에 중생들을 구제하기 위해서 그대로 보살의 형상으로 존재하고 있는 대보살을 말하는 것입니다. 이것을 보살마하살이라고 하지요. 위의 4종 보살로 보면 불퇴전지 보살과 일생보처 보살로 볼 수가 있습니다.

의반야바라밀다고依般若波羅蜜多故란 앞에서 언급한 것처럼 얻을 것이 없는 무소득의 것이었지만, 대보살은 반야바라밀다, 즉 반야지혜의 완성에 의지했기 때문에 열반의 단과斷果를 얻어 행하므로라고 하는 의미입니다. 열반의 단과란 불생불멸의 피안에 이르는 크나큰 지혜를 얻는다는 뜻이지요.

　그러므로 심무가애心無罣碍라고 하는 것은 마음이 삼독심三毒心 등으로부터 벗어나 청정심을 회복했으므로 마음에 장애가 없다, 거리낄 것이 없다 라고 하는 것입니다. 가罣도 애碍도 장애 또는 방해된다고 읽히는 글자로서, 반야바라밀의 공덕에 의해서 마음에 일체의 모든 장애가 없어졌다고 하는 의미입니다. 이와 같은 무가애無罣礙의 지혜로 보살은 중생을 제도하는 것이고, 그 제도에는 보살 사법문四法門이라고 해서 『여래비밀대승경』 권17「거래품」에서는 다음과 같이 설하고 있는 것입니다.

　"첫째, 지문智門: 보살은 큰 지혜(智)로써 모든 중생의 근성根性을 알아 그들의 근기에 맞추어서 제도하여 번뇌를 조복시키고 해탈하게 한다. 둘째, 혜문慧門: 보살은 크고 미묘한 지혜로써 중생을 위해 깊은 법의 미묘한 뜻을 잘 분별하여 설해 주어 그들로 하여금 지혜의 성품을 개발하여 만법萬法이 본래 공적空寂한 것임을 깨달아 알게 한다. 셋째, 다라니문陀羅尼門: 다라니는 총지總持의 뜻이다. 보살은 총지의 법으로 중생으로 수순하여 바른 믿음을 개발하도록 이끌고, 그들로 하여금 모든 악행을 소멸시키고 모든 선법을 행하도록 한다. 넷째, 무애해문無礙解門: 보살은 걸림이 없는 지해智解로써 중생을 위해 다함이 없는 매우 깊은 법의 뜻을 설하여 그들로 하여금 걸림이 없는 지혜를 얻도록 한다."

또 『중아함경』 권48에 "바위를 통과하는 것이 마치 허공을 통과하는 것과 같아서 막힘이 없었고, 땅속으로 들어가는 것이 마치 물속으로 들어가는 것과 같았으며, 물을 밟는 것이 땅을 밟는 것과 같아서 물에 빠지지 않았다"라고 하고, 『대승본생심지관경』 권2(대정 3, p.298)에서는 "복덕이 매우 깊어 큰 바다와 같고, 지혜가 막힘이 없어 허공과 다름이 없으며, 신통변화가 세간에 충만하였다"라고 합니다. 그리고 달마의 『소실육문』「심경송心經頌」에서는 "〔경〕 마음이 어떠한 대상에도 걸림이 없네. 〔송〕 해탈한 마음은 막힘이 없으니, 그 뜻은 마치 끝없는 허공과 같아서 사방에 어떠한 장애물도 없으며, 상하 어디에도 마찬가지라네. 오고감에 마음이 자재로워 주체와 객체가 마주치지 않으며, 도를 찾아다니면서도 만물에 붙들리지 않고 자유롭게 운신하여 새장과 같은 번뇌를 벗어나네"라고 읊고 있는 것입니다.

⑭ 무가애고, 무유공포

여기에서 무가애고無罣碍故, 무유공포無有恐怖란 마음에 청정심을 회복하여 장애가 없어지고 걸릴 것이 없기 때문에 일체의 모든 공포가 있을 것이 없다고 하는 것입니다. 범부나 이승二乘, 즉 성문이나 연각은 미혹과 육진六塵, 즉 색성향미촉법에 저해되어 공포의 마음이 끊어짐이 없습니다. 경지에 따라 차등이 있을 뿐이지요. 『대지도론』 권96에서는 다음과 같이 이르고 있습니다.

"수보리가 다시 물었다. '어떻게 새로 뜻을 낸 보살을 교화하여 그로 하여금 평등하고 자성이 공한 것을 알게 합니까.' 수보리는 생각하기를 '자성이 공하다는 것은 범부에게는 큰 두려움을 느끼게 하는 것이다. 자성이 공하여 존재하지 않는다는 것을 들으면 깊은 구덩이를 마주한 것과 같으니, 왜 그런가. 아직 도를 얻지 못한 모든 사람은 자아에 대해 깊이 집착하고 있으므로 공한 법에 대해서는 두려움을 느끼고, 부처님께서는 사람들로 하여금 선행을 부지런히 닦도록 하며, 결국은 아무 것도 없는 곳으로 돌아가게 하는구나 하고 생각한다.' 그러므로 수보리는 '어떤 방법으로 새로 발심한 사람을 가르칩니까' 하고 물은 것이다."

그러나 반야의 지혜를 얻어 공의 도리를 깨닫고 무소득의 경지에 이르러 보니 미혹도 없고 육진 때문에 장해를 받는 일도 없다고 하는 것입니다. 공의 세계를 보는 사람은 무차별의 자유를 본다고 하는 것이지요. 그러므로 범부의 몸이라 해도

이 『반야심경』의 의미를 알고서 매일 읽고 있으면 일체의 마
귀와 장애가 없어지게 되고 일신一身이 편안하여 조금도 두려
울 일이 없게 된다고 할 것입니다.

Ⅳ. 열반의 경지

(1) 보살의 해탈오의解脫五義

해탈을 성취한 보살의 특성을 5가지 관점에서 설명한 것으로, 『화엄경소초』권51에 다음과 같이 밝히고 있습니다.

"첫째, 생사불능박生死不能縛: 중생은 생사윤회의 굴레에 얽매여 있지만, 보살은 생사윤회의 굴레에 얽매여 있지 않음을 말한다. 둘째, 경상불능박境相不能縛: 보살은 일체의 대상경계에 대해 집착을 일으키지 않음을 말한다. 셋째, 현혹불능박現惑不能縛: 보살은 자신의 앞에 드러난 경계에 집착하지 않고, 현재 눈앞에 드러난 경계를 보는 마음 또한 공하여 실체가 없는 것을 분명히 아는 것을 말한다. 넷째, 유불능박有不能縛: 보살은 모든 유위법에 대해 그것이 공임을 알아 집착하지 않는 것을 말한다. 다섯째, 혹불능박惑不能縛: 보살은 미망이 곧 진여이고 번뇌가 곧 보리임을 깨달아 집착하지 않고 집착하지 않지도 않음을 말한다."

⑮ 원리전도몽상, 구경열반

원리전도몽상遠離顚倒夢想은 일체 모든 전도몽상을 멀리 여의고, **구경열반**究竟涅槃은 마침내 열반에 이르게 되는 것이라고 하는 것입니다.

위 본문에 "보살은 반야바라밀다에 의지하기 때문에 마음에 걸림이 없고, 걸림이 없기 때문에 두려움이 없으며, 전도된 생각과 꿈속에서의 생각과 같은 헛된 생각을 멀리 여의고 구경의 경지인 열반에 도달한다"라고 하고, 『반야바라밀다심경유찬』에서는 "몽상이란 아직 참된 지혜를 깨닫지 못하여 항상 꿈속에 머무는 것처럼 살아가는 것을 말하니, 이로 말미암아 부처님께서 생사의 기나긴 밤이라고 말씀하셨다. 꿈은 생각으로 말미암아 일어나니, 그러므로 몽상이라고 한다. 전도된 견해는 망상으로 말미암아 생겨나니, 꿈속에서 하는 것과 같기 때문에 몽상이라고 한다. 혹은 앞에서의 여러 가지 전도된 견해는 모두 생사의 원인이 되고, 이 몽상은 생사의 결과가 된다"라고 합니다.

이러한 모든 전도몽상이란 육진(六塵, 六境)으로 인하여 미혹되고 올바른 도리를 알 수가 없는 것을 의미합니다. 이 전도에는 사전도四顚倒가 있는데, 사전도란 범부凡夫·외도外道 등이 올바른 이치에 어긋나는 4가지 뒤바뀐 견해를 품는 것. 곧 생사계에 대하여 그것이 무상無常·무락無樂·무아無我·무정無淨인 것을 상常·락樂·아我·정淨이라고 허망한 집착을 하는 것입니다. 그러나 반야지혜를 얻어 공의 도리를 깨닫고 보니 이들의 미혹심을 완전히 여의였다고 하는 것이고, 마침내 열반의 경지에 이르렀다고 하는 것입니다. 반야공般若空을 알지 못하는 사람은 대상세계를 실제로 존재하는 것처럼 생각하고 그것에 집착하면서 여러 가지 일을 도모하지만, 깨고 보면 실재하지 않는 것처럼 허망하다고 하는 것이지요.

『천목명본잡록』권하「방정복성防情復性」에 이르기를 "성性이 일어나 정情이 되고, 정이 생겨 업業이 되며, 업에 따라 감응하면 물物이 된다. 무릇 만물은 정에서 유래한 업으로 말미암아 생겨난 것으로, 해당되는 곳에 출생하였다가 처소에 따라 소멸하여 없어지니, 영榮·고枯·화禍·복福이 하나의 꿈이나 허깨비와 같다. 이것이 우리 교주이신 부처님께서 가르치신 내용이다. 그런 까닭에 모든 중생이 비록 하나같이 성性에 근본을 두지만 세간과 출세간이라는 차별이 있는 것이다. 세간의 학문은 정情을 막는 것을 가리키며, 출세간의 학문은 성性으로 돌아가는 것을 가리킨다. 정을 막는 것은 유위이고 성으로 돌아가는 것은 무위이니, 두 가지 설을 서로 뒤섞어 혼동하면 안 된다"라고 합니다.

그리고 구경열반究竟涅槃이라고 하는 것을 글자 풀이를 해보면 구경究竟은 사물을 끝까지 밝히는 것을 말하고, 열반은 범어로서 원적圓寂이라고 번역합니다. 원圓은 덕德에 모남이 없는 것을 말하고, 적寂은 티끌 속에 처하여도 안온한 것을 뜻하는 말입니다. 택멸擇滅·이계離繫·해탈解脫 등과 동의어로, 또 반열반(般涅槃, 般은 범어 pari의 음역으로, 완전의 뜻)·대반열반(大般涅槃, 大는 뛰어나다는 뜻. 大圓寂)이라고도 합니다. 불교에서는 대승·소승에서 각기 그 해석에 이설異說이 많습니다.

①부파(小乘)불교에서 열반이라 함은 번뇌를 멸하여 없앤 상태라 하고, 여기에 유여의有餘依 열반과 무여의無餘依 열반의 2종 열반을 세웁니다. 앞의 것은 번뇌는 끊었지만 육체('잔여殘餘의 의신依身'이 아직 있다는 의미로 '여의餘依' 또는 '여餘'라고 한다)는 아직 잔존하는 경우, 뒤의 것은 회신멸지灰身滅智의 상태로 모든 것이 멸무滅無로 돌아간 경우를 가리킵니다. 유부有部 등에서는 열반을 하나의 본연의 자세인 실체적인 경지로 생각하고, 경량부經量部 등에서는 열반은 번뇌가 멸한 상태에 대한 가칭적인 명칭으로 실체實體가 있는 것은 아니라고 합니다.

②대승大乘불교에서는, 열반을 적극적인 것으로 생각하여

상常·락樂·아我·정淨의 사덕(涅槃四德)을 갖추지 않은 소승의 열반을 유위有爲열반이라고 하는 데 대해서, 이 사덕을 갖춘 열반을 무위無爲열반이라 하여 이것을 최상의 목표로 삼습니다. 또『남본열반경』권3에는, 열반에는 상常·항恒·안安·청정淸淨·불로不老·불사不死·무구無垢·쾌락快樂의 8가지가 갖추어져 있다고 하여 이것을 팔미八味라고 합니다.

또 무상대열반無上大涅槃이란 말이 있는데, 이는 위없는 완전한 열반으로 무상대반열반無上大般涅槃이라고도 합니다.『대반열반경』권25에 이르기를 "선남자야, 불성佛性이란 인因이 있고, 인인因因이 있으며, 과果가 있고, 과과果果가 있다. 인因이란 십이인연이고, 인인이란 지혜이며, 과果란 아뇩다라삼먁삼보리이고, 과과란 무상대반열반이다"라고 하고, 같은 책 권26에서는 "무엇 때문에 해탈을 얻는가. 무상대열반을 얻기 때문이다. 무엇 때문에 대반열반을 얻는가. 상·락·아·정의 법을 얻기 때문이다. 무엇 때문에 상·락·아·정을 얻는가. 불생불멸을 얻기 때문이다. 무엇 때문에 불생불멸을 얻는가. 불성을 보기 때문이다"라고 하였습니다.

③ 일반적으로는 이 세상에 사람으로서 나타난 붓다(특히 석존)의 육체적 죽음을 열반·반열반般涅槃·대반열반大般涅槃이라고 하고, 열반에 들어가는 것을 입열반入涅槃·입멸入滅·신

진화멸(薪盡火滅; 신신薪은 불신佛身 또는 기연機緣, 화火는 지혜 또는 불신佛身에 비유한다)이라고 합니다. 곧 타오르는 번뇌의 불을 멸진滅盡해서 깨달음의 지혜인 보리菩提를 완성한 경지를 말하는 것이지요. 이것은 생사(生死; 迷의 세계)를 넘어선 깨달음의 세계로, 불교의 구극적인 실천목적이며, 그러므로 여기에 불교의 특징을 나타내는 기인(旗印; 法印)의 하나로서 열반적정涅槃寂靜을 세우게 됩니다. 즉 불생不生을 열涅이라 하고, 불멸不滅을 반槃이라고 하는 것이지요. 불생불멸, 즉 영원한 생명의 경지에 들었다고 하는 것입니다. 이것을 『중관론소』권10에서는 "얻은 것이 있는 사람은 그것이 생사이든 열반이든 모두 생사에 머물고 있는 것이다. 이제 이 생사와 열반을 구하여 얻을 것이 없으면 이를 열반이라 한다(今求此生死涅槃 不可得 乃名涅槃)"라고 합니다.

석가여래 부처님께서 입멸入滅을 하신 것을 열반이라고 하는 것은 불생불멸의 피안에 이르셨다고 하는 의미입니다. 보통 사람은 죽어도 열반이라고 하지 않습니다. 경전의 의미는 일체의 모든 전도몽상을 완연히 여의게 되면 불생불멸의 피안, 즉 불지佛地에 이르게 된다고 말하는 것입니다.

1. 불지佛地를 설함

(1) 불지란

불지(佛地, buddha-bhūmi)란 일체종지一切種智 등을 비롯하여 부처님께서 갖춘 모든 법法을 완전하게 구비한 지위를 말합니다. 『대반야경』 권416에 설하기를 "보살마하살이 제10지十地에 오른 다음에는 모든 부처님과 다름이 없다고 해야 한다는 말은 무슨 뜻인가? 선현아, 보살마하살이 육바라밀을 완전하게 성취했거나 내지는 십팔불불공법十八佛不共法을 성취하고 일체지一切智와 일체상지一切相智를 구족하고서 다시 모든 번뇌와 습기의 상속을 영원하게 끊었다면 곧 불지佛地에 머물게 된다. 이런 까닭으로 만일 보살마하살이 제10지에 머문다면 모든 여래와 조금도 다름이 없다고 해야 한다"라고 합니다. 보살의 십지는 불지佛地에 드는 경계라는 것이지요.

여기에서 제불의 불(佛, Buddha)이란 buddha의 줄인 음사어로, 온전한 음사어는 불타佛陀이며, 한역어로는 각자覺者·지자知者·각覺 등이 있습니다. 진리를 깨달은 자라는 뜻이니, 자각自覺·각타覺他·각행원만覺行圓滿 등을 갖추고, 진실 그대로 모든 법의 성性과 상相을 알며, 등정각(等正覺, samyak-saṃbodhi)을 성취한 위대한 성자聖者라는 뜻입니다. 자각·각타·각행원만 등 세 가지 중 하나라도 갖춘 범부는 없으며, 성문·연각 등 이승(二乘, yāna-dvaya)은 자각을 갖추고, 보살은 자각·각타 등 두 가지를 갖추며, 세 가지를 모두 갖춘 분은 오로지 부처님으로서 그 존귀함이 여기서 나타나는 것입니다. 『청관음경소천의초』 권2에 "자각은 범부와 다른 점이고, 각타는 이승과 다른 측면이며, 각행원만은 보살과 다른 점이다"라고 합니다.

(2) 삼세제불의 반야바라밀

⑯ 삼세제불, 의반야바라밀다고, 득아뇩다라 삼먁삼보리

여기에서는 과거·현재·미래 삼세三世의 모든 부처님을 인용합니다. 삼세제불三世諸佛이란 과거칠불過去七佛, 연등불 등의 과거세에 출현했던 부처님을 과거불 또는 고불古佛이라 하고, 미래에 출현할 부처님(彌勒佛, Maitreya)은 후불後佛 또는 당래불當來佛이라 합니다. 초기 불교에는 부처님이란 석가모니부처님을 가리키는 말이었으나, 과거칠불 사상이 발생한 다음부터 미래불과 미륵불에 관한 사상도 발생하게 되었습니다. 그리고 대승불교 시기에 이르러서는 세계가 광대하다는 입장에 따라 한 시기에 여러 부처님이 함께 존재한다는 견해가 대두됩니다. 예를 들면 동방에는 아촉불(Akṣobhya)이 계시고 서방에는 아미타불(Amitābha)이 계시는 것과 같이 현재 타방세계에 다른 부처님이 계시며, 또한 헤아릴 수 없이 많은 부처님께서 계시므로 '시방항사제불十方恒沙諸佛'이라고 표현하기도 합니다. 이 밖에 삼세제불(三世諸佛, tryadhva-buddha)이란 과거 장엄겁莊嚴劫의 천불千佛과 현재 현겁賢劫의 천불, 그리고 미래 성수겁星宿劫의 천불 등 삼겁의 부처님을 모두 합한 삼천불을 가리키기도 합니다.

그리고 **의반야바라밀다고**依般若波羅蜜多故란 반야바라밀다, 즉 피안彼岸에 이르는 반야지혜의 완성에 의거해서 비로소 득아뇩다라삼막삼보리, 즉 더 이상 없는 정등정각을 얻었다고 하는 것입니다. **득아뇩다라**得阿耨多羅는 범어로 무상無上 즉 위에 더없음을 얻었다고 하는 의미이고, **삼막**三藐이란 정등正等이라고 하는 뜻이며, **삼보리**三菩提란 정각正覺의 뜻이지요. 즉 붓다가 붓다인 이유인 반야지혜의 깨달음을 얻었다고 하는 것이고, 이 위에 더없고, 뛰어나고, 올바르고, 평등하고 원만하다고 하는 점에서 이렇게 말하는 것입니다. 이것은 십팔불공법十八不共法이라고 해서 십팔불공불법十八不共佛法의 준말로 붓다의 십력十力·사무소외四無所畏·삼념주三念住와 붓다의 대비大悲를 합한 붓다에게만 있는 십팔불공법을 의미합니다. 이것은 붓다의 지혜의 완성을 뜻하는 것으로 불지(佛智, buddha-jñāna)란 다른 누구에게도 없는 부처님 특유의 지혜를 가리킴니다. 가장 수승하고 더 이상의 경지가 없는 근본 지혜로서 일체종지一切種智 또는 무상정등정각無上正等正覺인 아뇩다라삼먁삼보리(anuttara-samyak- saṃbodhi)에 해당됩니다. 이것은 실로 부처님의 삼명육통三明六通의 경지를 말하고 있는 것입니다.

(3) 삼명육통

삼명육통三明六通의 삼명三明이란 무학위無學位에 이르러 통달한 밝은 지혜로, 부처님이나 아라한이 갖는 3종의 신통神通을 말하는 것입니다. 붓다의 지혜를 가지고 어리석고 도리에 어두움을 파하기 때문에 삼명三明이라고 하는 것이지요. 그 세 가지는 ① 숙명명宿命明: 자신과 타인의 일생과 과거 세상의 모습을 명확하게 아는 지혜, ② 천안명天眼明: 세간의 모든 일이나 미래에 중생의 나고 죽는 시기와 모양의 차별 또는 육도윤회 등의 모습을 명확하게 아는 지혜, ③ 누진명漏盡明: 사성제와 연기의 도리, 즉 불교의 진리를 명확하게 깨달아서 루漏, 즉 번뇌가 단멸斷滅하여 모든 법에 걸림이 없고 두 번 다시 이 세상에 오지 않을 수도 있는 지혜를 말합니다. 이것은 붓다만이 갖추고 있는 지혜입니다.

『대비바사론』권102에 따르면, 숙명명은 과거사를 보고 벗어나려는 마음을 일으키고, 천명명은 미래사를 보고 벗어나려는 마음을 일으키며, 누진명은 이미 벗어난 뒤에 열반을 즐긴다고 합니다. 이어서 숙명명은 상견常見을 끊을 수 있고, 천안명은 단견斷見을 끊을 수 있으며, 누진명은 이 양변을 벗어나 중도에 안주하는 것이라고 합니다. 『출요경』 권30에 이르기를 "삼명이란 스스로 숙명과 천안과 누진을 아는 것이다. 만약 이러한 행을 모두 갖춘 수행자라면 범지梵志라 한다. 그러므로 '스스로 심해탈의 길을 알고 탐욕을 벗어나 그 무엇에도 집착하지 않으며, 삼명으로써 성취하는 것을 범지라 한다"라고 설합니다.

그리고 육통六通이란 신족통神足通·천안통天眼通·천이통天耳通·타심통他心通·숙명통宿命通·누진통漏盡通의 6가지를 말하는 것으로, 그중에 ④신족통이란 생각하는 바 그대로 이르게 되는 것. ⑤천이통은 세간의 모든 소리를 모두 들을 수 있는 기능. ⑥타심통은 타인의 심중에 생각하는 선악의 일들을 모두 알 수 있는 지혜를 말하는 것입니다. 그중에 숙명명과 천안명과 누진명은 특별히 뛰어난 것이기 때문에 삼명三明이라고 하는 것이지요. 그리고 『대지도론』 권28에서는 보살은 오통五通을 얻을 수 있지만 육통의 누진통은 붓다만이 가질 수 있는 것이라고 합니다.

그리고 『성실론』 권16에서도 불교 이외의 외도外道도 오통은 얻을 수 있다고 말하고 있습니다. 제천諸天이나 특종의 귀축 등의 통력通力처럼 선천적으로 얻는 경우도 있고, 선정禪定을 닦아 얻기도 합니다. 그러나 누진통은 붓다뿐이라고 하는 것이지요. 이상은 모든 장애가 없는 근본지혜를 본체로 삼으니 소성小聖이 미칠 수 있는 경지가 아니라고 합니다. 또한 『대지도론』 권46에서는 "부처님의 지혜를 찬미함에는 두 종류가 있다. 첫째는 무상정지無上正智이니 아뇩다라삼먁삼보리라 하고, 둘째는 일체종지一切種智이니 살바야(sarvajña)라 한다"라고 합니다.

2. 반야바라밀은 지혜의 주문

⑰ 고지반야바라밀다, 시대신주, 시대명주, 시무상주, 시무등등주

여기에서는 반야바라밀다란 주문呪文임을 설하고 있는데, 주呪란 범어 mantra의 번역으로 주呪·신주神呪·밀주密呪 등으로 번역합니다. 진실로 참된 말이라는 뜻이지요. 불·보살·제천 등의 서원誓願이나 덕德 또는 그 별명, 가르침의 깊은 의미 등이 들어 있는 비밀의 어구를 가리킵니다. 또 주문을 명(明, vidyā; 학문, 지식의 뜻), 다라니(dhāranī; 總持)라고도 하고(→ 呪),

다만 입으로 설하는 것을 진언다라니라 하며, 혹은 진언의 긴 것을 다라니, 몇 개의 구句로 된 것을 진언, 한 자 두 자(一字二字) 등의 간단한 것을 종자種子라고 하는 경우도 있습니다.

　원문의 고지반야바라밀다故知般若波羅蜜多란 앞의 구절을 받아서, 그러므로 반야바라밀다란 지혜로서 저 피안彼岸으로 건너가는 주문임을 알라고 하는 의미입니다. 『대지도론』 권제58의 「권수지품」(一切経)에 다음과 같이 이릅니다. "석제환인이 부처님께 말씀드리기를 '세존이시여, 반야바라밀은 이것은 대명주大明呪이고 무상명주無上明呪이고, 무등등명주無等等明呪입니다. 왜냐하면 세존이시여, 이 반야바라밀은 능히 일체 모든 불선법不善法을 없애고, 능히 일체 모든 선법善法을 수여하기 때문입니다'라고 하니, 이에 부처님은 환인에게 다음과 같이 말씀하십니다.

　'그와 같다. 그와 같다. 교시가憍尸迦여, 반야바라밀은 이것은 대명주이다. 무상명주이고, 무등등명주이다. 왜냐하면 교시가여, 과거의 제불은 이 명주明呪에 의해서 아뇩다라삼먁삼보리를 얻었고, 미래세의 제불과 지금 현재 시방의 제불도 또한 이 명주로 말미암아 아뇩다라삼먁삼보리를 얻게 되는 것이다. 이 명주로 말미암기 때문에 세간에 즉 십선도十善道가 있다. 즉 사선四禪·사무량심四無量心·사무색정四無色定이 있다.

즉 보시바라밀 내지 반야바라밀, 사념처四念處 내지 십팔불공법이 있다. 법성·여如·법상·법주·법위·실제實際가 있고, 또 오안五眼·수다원과須陀洹果 내지 아라한·벽지불도·일체지一切智·일체종지가 있는 것이다. 교시가여, 보살마하살의 인연 때문에 십선十善의 세상에 나오므로 사선·사무량심 내지 일체종지, 수다원 내지 제불이 세간에 나오는 것은, 비유하면 둥근 달이 밝게 비추므로 성수星宿도 또한 능히 밝게 비추는 것과 같다. 이와 같이 교시가여, 일체 모든 세간의 선법善法·정법·십선十善 내지 일체종지는 만약 제불이 나와서 베풀지 못하실 때에는 모두 보살로부터 나온다. 이 보살마하살의 방편력은 모두 반야바라밀로부터 나오는 것이다.'"

그러므로 반야바라밀은 불가사의한 대신주이며, 반야지혜의 대명주이고, 더 이상 없는 무상주이며, 비교할 것이 없는 무등등주라고 하는 것입니다.

이에 규기窺基는 『반야바라밀다심경유찬』에 이르기를 "그 작용이 오묘하여 일정한 방향이 없으므로 신神이라 한다. 어떤 그윽한 곳도 밝히지 않음이 없으므로 명明이라 한다. 가장 뛰어나기 때문에 무상無上이라 한다. 어떤 것에 의해서도 견줄 수가 없기 때문에 무등등無等等이라고 한다"라고 풀이하고, 법장法藏은 『반야바라밀다심경약소』에서 "첫째 장애를 제거하

156

여 헛되지 않기 때문에 대신주라고 한다. 둘째 지혜롭게 비추어 어둡지 않기 때문에 명주라고 한다. 셋째 다시 더 이상 뛰어난 것이 없기 때문에 무상주라 한다. 넷째 홀로 우뚝 서서 짝할 것이 없기 때문에 무등등주라 한다. 또한 공능으로 풀이하면, 첫째 번뇌를 무너뜨리기 때문이며, 둘째 무명을 무너뜨리기 때문이며, 셋째 인행因行이 원만하도록 하기 때문이고, 넷째 과덕果德이 원만하도록 하기 때문이다. 그리고 또 계위로서 풀이하면, 첫째 범부의 지위를 넘어서고, 둘째 소승의 지위를 넘어서며, 셋째 인因을 넘어서고, 넷째 과果를 가지런히 하기 때문이다"라고 풀이하였던 것입니다.

그러므로 여기에서 주呪라고 하는 의미는 반야바라밀이 피안彼岸으로 건너가는 지혜의 완성 또는 깨달음의 완성, 즉 아뇩다라삼먁삼보리를 형용하고 있는 주呪이면서 크나큰 위력을 가진 결언 부분의『반야심경』의 주문을 형용하고 있는 일종의 형용문구인 것입니다. 실제『반야심경』의 주문은 끝부분의 "아제아제 바라아제 바라승아제 모지사바하"라고 하는 것이지요.

그 반야바라밀의 주문의 뜻을 보면, 즉 **시대신주**是大神呪란 이 크나큰 일체의 장애를 없애는 묘용妙用이 있고(神), 일체의 모든 사악邪惡을 털어 없애고 또 번뇌의 장애를 없애는 것(呪)

을 즉 신주神呪라고 합니다. **시대명주**是大明呪란 도리에 어두운 것을 비추어 파하는 크나큰 능력을 말하고, **시무상주**是無上呪란 만물에 뛰어나서 덕德이 한이 없는 것을 말합니다. 그리고 **시무등등주**是無等等呪란 동등한 것이 없다고 하는, 만물 중에 제일 뛰어난 것이라는 뜻입니다. 또 무명의 어둠을 파하는 것을 명주라 하고, 발심하고부터 깨달음의 정각을 얻은 후에도 반야의 공덕보다 뛰어난 것이 더 이상 없기 때문에 무상주라고도 합니다. 반야바라밀의 공덕에 비교하면 어떤 것도 동등한 것이 없기 때문에 무등등주 라고도 하는 것이지요.

이것은 후의 문구인 아제아제羯諦羯諦라고 하는 구절을 가리키는 것이 아니라 반야바라밀다를 설명하는『심경』전체 260자를 가리켜 말하는 것이고, 이『심경』은 260자의 한 자 한 자에 반야의 지극한 의미가 깃들어 있는 것을 말하고 있는 것입니다.

⑱ 능제일체고 진실불허

능제일체고能除一切苦 **진실불허**眞實不虛란 앞의 반야바라밀은 위대하고 위력이 있는 주문이기 때문에 능히 일체의 모든 고苦를 제하는 것은 물론, 진실된 것으로서 헛된 것이 아니라고 하는 뜻입니다. 반야의 묘지妙智를 얻으면 십계十界에서 동시에 고액苦厄을 벗어나는 것이 마치 야반夜半의 종소리가 세간 사람들의 잠을 동시에 깨우는 것과 같다고 하는 것이지요.

그리고 여기에서 십계十界라고 한 것은 미혹한 자나 깨달은 자를 포함한 모든 경지를 10종류로 나눈 것으로, 즉 지옥계·아귀계·축생계·수라계·인간계·천상계·성문계·연각계·보살계·불계佛界를 말한 것이고, 이 가운데 앞의 6은 범부의 세계이고, 뒤의 4는 성자의 세계이기 때문에 육범사성六凡四聖이라고 합니다. 이에 육범의 지옥은 지하에 있는 뇌옥牢獄으로 고苦가 가장 무거운 것, 축생은 서로 다른 놈을 먹이로 하여 생존하는 고가 무거운 것, 아귀는 음식이 생기지를 않기 때문에 고가 그칠 때가 없는 것, 수라는 아수라阿修羅의 약칭으로 바다 속에 존재하는 질투심이 강한 것. 인간은 고와 낙樂이 반반半半인 것. 천상은 뛰어난 낙을 누리지만 아직 여전히 고를 면할 수 없다고 하는 것입니다.

그리고 사성의 성문聲聞은 붓다의 말씀(聲; 敎)을 듣고 깨닫는 것. 연각緣覺은 인연을 관觀하여 홀로 깨달음을 즐기는 것. 보살菩薩은 깨달음의 경지에 있으면서도 다른 이와 함께 깨달음을 얻으려고 원願을 세우고 수행하고 있는 것. 불佛은 스스로 깨달아 붓다(buddha)로 되고(自覺) 또 다른 이까지도 깨닫게(覺他)하고 있는 것을 말합니다. 이때의 buddha란 깨달은 자(覺者)의 뜻으로 진리를 깨달은 자를 의미하지요. 이에는 깨달음의 지혜가 지극히 완전해져 있다고 하는 각행원만覺行圓滿의 뜻이 있는 것입니다. 그러므로 반야바라밀은 육도의 중생들과 성문·연각·보살·불이 모두 의지해야 할 의지처가 된다고 하는 것으로, 일체고액을 제거하는 진실된 것이라고 하는 것입니다.

3. 『반야심경』의 주문呪文

⑲ 고설반야바라밀다주, 즉설주왈,

    아제아제羯諦羯諦 바라아제波羅羯諦 바라승아제波羅僧羯諦

    모지사바하菩提娑婆訶

    (범어 원문: gate gate pāragate pārasaṃgate bodhi svāha)

    고설반야바라밀다주故說般若波羅蜜多呪란 그러므로 반야바라밀다의 주呪를 설하겠다. **즉설주왈**即說呪曰, 즉 주呪를 설하여 이르기를 "가테 가테 파라가테 파라삼가테 보디 스바하"라고 하는 것입니다.

    앞에 든 대신주, 대명주 이하는 『반야심경』 260자를 가리키지만, 여기에 다시 제불의 비밀의 주문呪文을 든 것입니다. 주呪라고 하는 것은 매우 의미심장한 것으로, 한자 가운데 많은 의미가 깃들어 있기 때문에 주석을 하기가 어려운 것이지요. 원래『반야심경』은 처음 관자재보살이라고 하는 문구에서 끝의 진실불허眞實不虛라고 하는 문구까지를 현료반야顯了般若라고 해서 이것은 주석을 더하여 경문의 의미를 설명하여 이해할 수 있게 한 것입니다.

그러나 아제아제 이하의 18자는 비밀반야秘密般若라고 해서 제불의 비밀의 주문이기 때문에 주석을 하거나 설명하기가 어려운 것입니다. 이『반야심경』의 주문은 오종불번五種不翻이라 해서 번역하지 않는 것이 보통인데, 그 이유는『반야심경소』에 이르기를 "모든 경전의 주문은 모두 불보살의 위신력이 가피되어 있으며, 또한 글자마다 많은 뜻이 포함되어 있어서 한역하여 늘어나거나 줄어들면 그 뜻이 결여되어 주문을 암송하여도 좋은 징험이 없어진다. 이러한 이유로 한역하지 않는다"라고 하였던 것입니다. 즉 5종불번이란 ①다라니처럼 비밀스러운 것 ②한 단어가 여러 가지 의미의 것 ③중국에는 없는 말 ④인도어가 이미 중국에 토착화된 말 ⑤원래의 뜻은 깊은데 번역하면 의미가 가벼워지는 것을 말합니다. 따라서 현장법사는 번역하지 않고 인도어를 그대로 썼던 것이지요.

그래서 다라니를 창唱하고 있으면 장애를 없애고 복福을 늘린다고 하기 때문에 선종禪宗에서나 진언종 또는 그 밖에 어떤 다른 종파宗派에서도 부단히 『심경』을 신앙하여 외우고 있는 것이고, 이러한 신앙은 예컨대 일체의 모든 원을 성취하여 염원을 이루지 못할 일이 없다고 하는 것입니다.

그러나 다만 그 주문의 의미를 대략 살펴보면, 위의 원문에서 '가테가테'란 건너간다고 하는 뜻으로 깨닫는다고 하는 의미입니다. 처음의 가테는 자신을 깨우치는 것, 다음의 가테는 타인을 깨우치게 하는 것입니다. 이 4자로 처음의 관자재보살부터 일체고액一切苦厄이라고 하는 곳까지를 줄여서 간략히 설한 것으로 이것을 밀설密說이라고 합니다.

'파라가테'는 도피안 즉 피안으로 건너간다고 하는 의미로, 범부의 생사유전의 이 세상(彼岸)을 떠나 불생불멸의 저 세상(彼岸)에 이르게 한다는 것을 밀설한 것입니다. 공중무색空中無色 무수상행식無受想行識부터 무의식계無意識界라고 하는 곳까지는 범부가 여의어야 할 곳(所離)이라고 하여 범부를 제도하는 문구입니다.

'파라삼가테'란 피안중도彼岸衆度 즉 극락정토로 건너간다고 하는 의미로, 성문과 연각과 소보살을 건네주는 것을 밀설한 내용입니다. 무무명無無明부터 무노사진無老死盡이라고 하는 곳까지를 연각이 여읠 바라 하여 연각을 제도하는 문구이고, 또 무고집멸도無苦集滅道라고 하는 것을 성문이 여읠 바라 하여 성문을 제도하는 문구입니다. 또 무지역무득無智亦無得이라 하는 것을 소보살이 여읠 바라 하여 소보살을 제도하는 문구 입니다. 이상이 삼승三乘의 여읠 바를 간략히 설한 것입니다.

여기에서 보살이란 위없는 보리(菩提. bodhi; 覺·智·道)를 구 하고 중생을 이익케 하고 여러 가지 바라밀(pāramita; 到彼岸)의 행行을 닦아 미래에 붓다의 깨달음을 열려고 하는 이를 말합 니다. 그리고 소보살이란 이러한 깨달음을 열려고 하는 이를 말하는 것입니다만, 그러면 대보살이란 무엇인가 하면 이미 깨달음을 얻었으나 중생을 제도하기 위해서 붓다의 세계로 가 지 않고 그대로 중생의 몸으로 나타나서 중생들과 함께 수행 을 하고 있는 이를 말하는 것입니다. 그리고 삼승三乘이란 이 성문·연각·보살을 말하는 것입니다.

'보디스바하'의 '보디' 즉 보리菩提는 깨달음의 도道라고 하 는 의미입니다. 범부 및 성문·연각·소보살 등의 각각은 생사 유전의 미혹을 반야바라밀의 공덕에 의해서 해탈하여 피안彼 岸에 이른다고 하는 것이 즉 반야의 도를 성취하는 것이 되는 것입니다. 그리고 '스바하娑婆訶'라고 하는 것은 속히·빠르게 라고 하는 의미로, 경전의 설명을 여의지 않고 반야의 지혜를 깨달으면 빠르게 피안彼岸에 이를 수가 있다고 하는 것이므로 성취라고 하는 뜻이 되는 것입니다.

그리고 진언을 염송할 때는 삼력三力을 가지고 해야 합니다. 삼력이란 중생과 부처님이 가지(加持, adhisthāna, 가호)에 상응하는 힘을 세 가지로 설명한 것으로, 아공덕력(我功德力: 수행자가 행하는 三密의 힘)과 여래가지력(부처님이 대비심으로 중생에게 보태주시는 법의 힘)과 법계력(一如 평등한 진리의 힘 또는 佛性의 힘)의 3가지를 말합니다.『대일경소』권11에서는 이러한 세 가지가 화합하여 광대한 가지력加持力이 일어난다고 생각을 하면서 이 구절을 염송해야 한다고 하고, 이것이 모든 진언의 핵심이라고 설하고 있습니다.

그러므로 전체적으로 보면 다음과 같은 의미가 될 것입니다.

"건너가자 건너가자 나도 가고 너도 가자.
우리 모두 깨달아서 저 불국정토 건너가자.
오, 반야의 지혜여, 그 깨달음을 어서 빨리 성취하자."

결론: 핵심적인 내용

이상으로『반야심경』의 전체적인 내용을 한마디로 표현한다면 다음과 같이 말할 수가 있는 것입니다.

"보통 인간들인 범부들은 본질적으로 모두가 다 공성의 존재이다. 인연설을 깨닫고 그것으로 안주하고 마는 연각이나, 인생은 근본적으로 고난의 생이라고 하는 그 고난을 여의고 팔정도를 깨달아 그것으로 안주하고 마는 성문의 존재도 붓다의 경지에 이르지 못하고 마는 공성의 존재이다. 또한 육바라밀을 수행하여 지혜를 얻으려고 하는 소보살의 지위에 머물러서도 안 된다. 더 나아가서 대보살의 지위에 이를 수 있도록 반야바리밀의 행, 즉 육바라밀의 행을 거쳐 삼십칠보리분법이라고 하는 수행과 여타 붓다의 반야바라밀행을 정진해서 니르바나, 즉 열반의 경지에 이르러야 한다. 그래야 다시는 고난받는 인생을 살지 않고 저 피안彼岸의 세계, 붓다의 세계에로 건너갈 것이다"라고 하는 것이 이『반야심경』의 핵심적인 내용이 되는 것입니다.

부록: 관련 용어 해설

가명(假名, prajñapti)

가설假設 · 시설施設로도 번역한다. 사물이 가장 진실한 도리(勝義)로서는 공空이지만, 세간의 통속적인 관용으로서는 인연에 의해 임시로 생겨나게 되어 있는 것을 말한다. 즉 가명假名이라고 하는 번역어는 임시로 이름 지운 것, 또는 다른 것을 빌려 이름을 얻은 것이라는 뜻이다.

반야(般若, prajñā)

반야란 혜慧 · 지혜 · 명明으로 번역하고, 모든 사물이나 도리를 분명하게 꿰뚫어보는 지혜를 말한다. ① 이 반야는 공반야共般若와 불공반야不共般若의 2종으로 나누어진다. 공반야란 성문 · 연각 · 보살을 위해서 공통으로 설한 반야사상이고, 불공반야란 단지 보살만을 위해서 설한 반야사상이다. ② 실상반야實相般若와 관조반야觀照般若: 실상반야란 반야의 지혜에 의해서 관조觀照된 대경對境으로서 일체법의 진실 절대의 모습. 이것은 반야는 아니지만 반야를 일으키는 근원이기 때문에 반야라고 부른다. 관조반야란 일체법의 진실 절대의 모습(實相)을 관조하여 알아보는 지혜를 말한다. ③세간반야世間般若와 출세간반야出世間般若: 세간반야는 세속적이고 상대적인 반야, 출세간반야는 초세속적이고 절대적인 반야를 말한다. ④실상반야와 관조반야의 둘에 방편반야(方便般若; 추리판단을 하여 제법의 차별을 요해하는 상대적인 지혜)를 더하고, 혹은 문자반야(文字般若; 실상·관조의 반야를 포함한 반야의 제경전)을 더하여 3반야라고 하고, 이 실상·관조·문자의 3반야에 경계반야(境界般若; 반야의 지혜의 대상으로서의 객관적인 일체 모든 법)·권속반야(眷屬般若; 제법의 실상을 아는 관조지혜로서의 반야에 수반하여 이것을 돕는 육바라밀 등의 여러 가지 수행)의 둘을 더하여 5종 반야라고 칭한다.

사겁四劫

겁(劫, kalpa)이란 겁파劫波라 음사하고, 지극히 긴 시간을 뜻한다. 겁에 대한 설명도 많아서 개자겁과 반석겁 혹은 진점겁塵點劫, 미진겁微塵劫 등의 비유가 있다. 사겁이란 성成·주住·괴壞·공空의 사겁을 말한다. 세계가 이루어지고 있는 기간이 성겁이고, 세계가 이루어진 형태로 머물고 있는 기간이 주겁이며, 주겁의 다음에 세계가 파괴되어 가고 있는 기간이 괴겁이고, 다음에 공空의 상태로 계속되는 기간이 공겁이다. 그리고 다시 또 성겁이 이루어지고 성주괴공은 영겁에 걸쳐 계속된다.

삼계구지三界九地

생사生死를 거듭하는 미망迷妄의 유정有情의 경계를 3단계로 구분한 것으로, 욕계欲界·색계色界·무색계無色界를 말한다. 이 가운데 색계·무색계는 욕계보다 우위에 있기 때문에 상계上界라고 부르고, 다만 욕계 중의 육욕천六欲天까지도 포함한 천상계天上界 전체를 가리켜 상계上界라고 하는 경우도 있고, 이 경우 인간계는 하계下界라고 말한다. 욕계는 육도 중생의 세계를, 색계는 초선천初禪天으로부터 제4선천第四禪天까지의 4를, 무색계는 공무변처천空無邊處天으로부터 비상비비상처천非想非非想處天까지의 4를 삼계구지라고 말한다.

(1) 욕계(kāma-dhātu)란 중생이 살고 있는 세계로 지옥·아귀·축생·아수라·인간·육욕천六欲天을 합한 세계이다. 육욕천이란 사왕천·도리천(三十三天)·야마천·도솔천·화락천·타화자재천의 육천六天이다.

이 세계의 중생들은 식욕·음욕·수면욕의 삼욕三欲이 있기 때문에 욕계라고 말한다. 욕계라고 하는 명칭은 색계와 무색계가 정심(定心; 禪定三昧)에 들어 산만하지 않는 마음의 지지(地) 인데 대해, 산심散心 즉 산만하게 움직이는 통상적인 마음의 지지(地)이기 때문에 욕계 산지散地라고 말한다.

(2) 색계(rūpa-dhatu)란 정묘淨妙한 물질로 이루어진 세계로 사선(四禪; 四精慮)을 수행한 자가 사후에 태어나는 천계天界를 말한다. 욕계의 상방에 있고 수행의 과보果報의 우열에 따라 초선천으로부터 제2선천, 제3선천, 제4선천까지 사선천四禪天으로 크게 구분된다. 여기에는 17천十七天이 있다.

(3) 무색계(ārūpya-dhātu)란 물질을 초월한 세계로 사무색정四無色定을 수행한 자가 사후에 태어나는 천상계를 말한다. 물질이 없기 때문에 장처場處를 갖지 않고, 따라서 공간적인 고하高下의 차별은 없지만 수행의 과보果報의 우열에 따라 4계단으로 나눈다. 즉 수행된 사무색정에 대응하여 이것을 공무변처空無邊處 · 식무변처識無邊處 · 무소유처無所有處 · 비상비비상처非想非非想處의 4무색계라고 한다. 이 중에 비상비비상처천은 세계의 가장 높은 곳에 위치하기 때문에 유정천有頂天이라고 부른다. 무색계의 유정有情에는 남근男根은 없지만 모두 남성이고, 그 수량壽量은 순서대로 2, 4, 6, 8만 겁이라고 한다.

이상의 삼계의 천(天, deva)이란 천상天上 · 천유天有 · 천취天趣 · 천도天道 · 천계天界 · 천상계天上界라고 하는 것과 같은 의미이다. 천상에서의 유정 자체를 가리킬 때는 천인天人, 천부(天部; 복수), 천중(天衆; 복수)이라고도 하여 거의 신神의 개념에 해당된다. 사후에 천상계에 태어나는 원인으로는 수승한 십선十善·사선四禪·팔정八定을 설한다.

천인天人의 수명(命)이 끝나려고 할 때가 되면 신체에 5가지 쇠해지는 모습이 나타난다. ①의복이 때로 더러워진다. ②머리에 쓰고 있는 꽃 관이 시든다. ③신체에 냄새가 나게 된다. ④겨드랑이 아래에서 땀이 흐른다. ⑤자신의 위치가 즐겁지 않게 된다.

삼명육통三明六通

붓다의 3종의 신통과 6종의 지혜를 말한다. 지혜를 가지고 미혹을 파하기 때문에 명明이라 하고, 신통(abhijñā)이란 뛰어난 지혜의 뜻이다. 붓다의 수행에 의해 얻어진 무애자재하고 부사의한 지혜를 말하는 것으로, 이에 신족통神足通·천안통天眼通·천이통天耳通·타심통他心通·숙명통宿命通·누진통漏盡通의 육신통이 있고, 이 중에 숙명지·천안지·누진지를 삼명三明이라 하여 삼명육통이라고 부른다.

①신족통: 생각하는 대로 가서 이를 수 있고, 모습을 바꿀 수 있으며, 외부의 경계(六境)를 생각대로 할 수 있는 지혜.

②천이통: 세간의 모든 소리를 들을 수 있는 지혜.

③타심통: 타인의 생각하는 선악의 모든 것을 알 수 있는 지혜.

④숙명통: 숙세宿世의 모습을 밝게 아는 지혜.

⑤천안통: 세간의 일과 미래의 중생의 생사의 모습을 밝게 아는 지혜.

⑥누진통: 사제四諦의 진리를 밝게 깨우쳐 번뇌를 단멸하고 두 번 다시 미혹의 세계에 태어나지 않는 것을 아는 지혜.

숙명통·천안통·누진통의 삼통은 특별히 뛰어난 밝은 지혜이기 때문에 삼명三明이라 하고, 이 가운데 오신통은 사선四禪을 수행함으로써 얻을 수 있으므로 범부도 가능하지만, 누진통은 성자聖者만이 가능하다고 한다.

아我와 무아無我

아我는 범어 ātmān의 번역어이다. 본래는 호흡의 뜻이었으나 생명, 자기, 신체, 타자에 대한 자아, 자아의 본질, 물질 일반의 본질 자성, 모든 것의 근원에 내재하여 개체를 지배하고 통일하는 독립적이고 영원적인 주체를 의미한다. 불교에서는 영원히 존속하고(常), 자주독립하여 존재하고(一), 중심적인 소유주로서(主), 모두 지배하는(宰) 그와 같은 아我의 존재를 부정하고 무아無我를 세웠다.

①아함 불교에서는 인간의 개체의 전체가 아我이다(五蘊이 我이다)라고 하거나, 혹은 개체의 내에서 중심 생명이 되는 것을 아我라고 하거나, 혹은 우주원리를 아我라고 하거나 혹은 존재요소가 제각기 고유한 성질, 즉 자성自性을 가지고 있다고 하는 것과 같은 유아설有我說을 부정한다.

②부파불교에서는 전생轉生의 사死로 번갈아 가는 윤회의 주체와 무아설無我說과의 관계 등과 관련하여 여러 가지 해석을 하였다. 유부有部에서는 인아人我와 법아法我의 이아二我를 세우고 개체의 중심 생명으로서의 아(人我)는 부정하지만, 존재의 구성요소의 실체로서 아(法我)는 항상 실체로 있다고 하였다. 이와 같은 인아견人我見과 법아견法我見을 이종아견二種我見이라고 한다.

독자부犢子部나 정량부正量部에서는 비즉비리온非卽非離蘊의 아我라고 칭하는 아가 있다고 하여 그것은 오온에 의해 임시로 구성된 생명을 갖는 개체 그 자체(卽蘊)도 아니고, 또 오온 의외에 따로 아我라고 칭할 것이 있는 것(離蘊)도 아니며, 오온과 붙지도 않고 떨어지지도 않게 있는 것이라고 한다. 또 경량부經量部에는 승의勝義 보특가라補特伽羅의 설이 있다. 『성유식론』권1에는 불교 이외 및 부파의 아我에 대한 설을 즉온아(卽

蘊我; 세간 일반의 설), 리온아(離蘊我; 数論, 勝論, 經量部), 비즉비리온아(非卽非離蘊我; 犢子部, 正量部) 등의 3종의 아我로 분류하여 비판하고 있다.

③대승불교에서는 개체로서의 아(人我)를 부정할 뿐 아니라 부파불교에서 존재를 인정하고 있던 법아(法我; 존재를 구성하고 있는 요소의 실체)까지도 부정하여 인법이무아人法二無我를 설하여 모든 것이 무자성공無自性空이라고 한다. 또 부파불교에서는 모든 것이 무상無常이고 고苦이고 무아無我이고 부정不淨이라고 깨닫고 번뇌를 모두 멸한 경지를 구극적인 열반이라고 하는 데 대하여, 대승불교에서는 모든 것은 본래 공空이기 때문에 그것을 깨달은 열반의 경지는 절대적인 자유의 경지로서 상常·락樂·아我·정淨의 덕德을 갖는다고 한다. 그 아는 범부의 생각하는 아(小我)와 구별되어 대아大我·진아眞我 등으로 불린다.

④아我는 4종의 아로도 분류된다. ㉠범부의 미혹으로부터 생긴 아我 ㉡불교 이외의 학파(외도)가 설하는 신아神我 ㉢실체實體가 없는 것에 임시로 이름지운 가아假我, 예컨대 오온五蘊으로 구성된 육체를 임시로 아我라고 부르는 것과 같은 경우 ㉣여래의 법신을 의미하는 진아眞我. 그 특성을 팔대자재아八大自在我로서 설명하는 경우도 있다.

아집我執과 법집法執

아我에 인아人我와 법아法我가 있다. 인아人我는 자기 자신의 주관의 중심으로서 지배능력을 갖고 항상 변하는 일이 없다고 생각된 것이고, 그 인아人我가 존재한다고 하는 생각에 얽매인 것이 아집我執이다. 그 가운데 인간이 본래 그 몸에 갖추어져 있는 선천적인 아집, 즉 구생俱生의 아집(俱生起의 아집이라고도 말함)과 잘못된 가르침 등에 의해 생겨나는 후천적인 아집, 즉 분별의 아집(分別起의 아집이라고도 말함)의 둘로 나누어진다.

법집法執이란 법아法我, 즉 모든 존재에 그것 자체의 본질인 무엇인가 실체적인 것이 있다고 하는 생각에 사로잡히는 것을 말하고, 이것에도 똑같이 구생俱生과 분별分別의 두 가지 구별을 한다. 또 아집과 법집을 합하여 아법이집我法二執이라고 말한다.

업(業, karman)

행위, 조작, 의지에 의한 몸과 마음의 활동 또는 그 작용을 의미한다. 일반적으로 업을 신身·구口·의意, 즉 신체적인 업·언어적인 업·의식적인 업의 삼업三業으로 나눈다. 그리고 선善·악惡·무기無記의 삼업은 삼성업三性業이라고 한다. 선악의 업을 지으면 그에 의한 그에 상응하는 고락의 과보(異熟)가 생긴다. 이것을 업인業因에 의해 업과業果가 생긴다고 말한다. 비선비악의 무기업無記業은 결과를 이끌어올 힘이 없다.

일승一乘과 삼승三乘

승(乘, yāna)이란 타는 것의 뜻으로 운반하다·건네주다의 의미가 있다. 중생을 태워 깨달음의 피안彼岸으로 운반하는 것, 즉 붓다의 깨달음으로 인도하는 가르침을 말한다. 일승이란 불교의 참된 가르침은 유일하고, 그 가르침에 의해 모든 사람이 다 같이 부처가 된다고 설하는 가르침이고, 삼승이란 중생의 성질이나 능력에 따라서 성문·연각·보살에 고유한 3종의 깨달음의 길이 있다고 하는 것을 말한다. 또 삼승에는 일승에 대하여 말하는 외에 성문·연각을 이승二乘이라고 말하고, 유부有部 등에서는 성문·연각·보살은 각기 사제, 십이인연, 육바라밀을 수행하여 해탈하지만 얻게 되는 열반에는 다름이 없다고한다.

제법실상諸法實相

모든 존재의 진실한 모습의 뜻. 즉 모든 존재의 본래 있는 그대로의 모습 혹은 모든 것의 진실구극의 모습을 말한다. 『대품반야경』 권17, 『법화경』 권1 등에 의거한 말이다. 『지도론』 권

18에는 제법실상은 반야바라밀이라고 한다. 『중론』에서는 가히 얻을 수 없는 공(不可得空)의 것을 제법실상이라 하고, 그것은 긍정·부정의 것까지도 넘어선 절대부정으로서의 부사의한 원리라고 한다.

천태불교에서는 인연에 의해 생긴 모든 현상(諸法)은 인연에 의해 임시(假) 나타난 것으로 실체가 없기 때문에 제법의 본질은 공리(空理; 實相)인 것을 제법실상이라고 한다. 선종禪宗에서 제법실상이란 불조佛祖가 깨달음을 나타낸 본래의 면목 그것이라고 한다. 정토진종淨土眞宗에서 제법실상이란 진여眞如의 원리이고, 그로부터 구체적으로 나타난 나무아미타불이란 명호를 실상법實相法이라고 한다.

제법諸法

제법은 만법萬法이라고도 한다. 일체 모든 것을 의미한다. 유위법有爲法과 무위법無爲法을 포함한다. 그래서 유위법만을 의미하는 '제행諸行'과는 구별하는 경우도 있다.

제행諸行

모든 유위법有爲法을 말한다. 행(行, saṁskāra)이란 어떤 요인들이 모여, 즉 인연 화합하여 만들어지는 것(有爲法)을 의미한다.

근본불교에서는 제행은 '일체' '제법'과 같은 뜻이고, 부파불교에서는 '일체' '제법'은 무위법無爲法까지도 포함된다고 한다. 인연에 의존하여 성립되어 있는 것(有爲法)은 영구불변이 아니라 항상 변화하고 유동하는 것(즉 無常)이기 때문에 제행무상諸行無常이라고 말한다.

중도中道

범어 madhyamā-pratipad의 변역어로 이변二邊, 곧 양극단에 치우치지 않는 중정中正의 길의 뜻이다. 중로中路 혹은 단순히 중中이라고도 한다. 중도中道는 불교의 근본적 입장을 말하고 있어 대승·소승에 걸쳐서 중요시되고 있다. 따라서 그 뜻하는 바에도 깊고 낮음이 있지만 각 종파에서 이 어구語句를 가지고 교리의 핵심을 나타내고 있는 점에서는 일치한다.

두 개의 것이 대립을 하지 않는 것, 즉 단상斷常의 이견二見 또는 유무의 이변二邊을 떠난 치우치지 않는 비단비상·비유비무의 중정中正의 도를 말한다. 초기 불교에서는 주로 불고불락不苦不樂의 중도를 의미했다. 고행과 쾌락의 양극단을 배척하는 것이다. 그러나 용수龍樹의 『중론』에서는 연기·공·가명과 동일한 의미로 쓰였다. 법상종에서는 유에도 공에도 치우치지 않는 비유비공非有非空을 중도라고 하고, 삼론종에서는 팔불八

不에 의하여 나타나는 불가득의 법을 중도라 하며, 천태종은 실상實相을, 화엄종은 법계法界를 중도라고 하는 것이다. 또 중도는 우주만유의 진실상眞實相을 나타내므로 중도는 곧 실상이라는 뜻에서 중도실상中道實相이라 한다.

①아함경의 중도: 팔성도八聖道의 실천은 쾌락주의와 고행주의로 치우친 생활태도를 버리고 중도에 의해 지혜를 완성하여 열반의 증득으로 가는 길이므로 팔성도를 중도中道라 한다(『중아함경』 권56). 또 십이연기十二緣起의 진리를 옳게 이해하는 것은 상견(常見; 중생의 생명의 주체인 我는 영원히 존속한다는 생각)과 단견(斷見; 사후엔 아주 滅無로 돌아간다는 생각). 또 유견(有見; 자연적 입장, 世間의 상식)과 무견(無見; 虛無主義) 등과 같은 치우친 견해로부터 떠나는 것으로, 십이연기를 옳게 관하는 것이 중도의 정견에 머무는 것이라고 주장한다(『잡아함경』 권12 등). 초전법륜에서 석존이 설한 것으로 전자는 실천상의 중도中道이며, 후자는 사상상의 중도이다.

②부파불교의 중도: 『대비바사론』 권49나 『성실론』 권11 등에서 아함경의 교설을 받아들여 중도는 단斷·상常의 이견二見을 떠난 입장이라고 주장한다.

③대승大乘의 중관파中觀派도 반야바라밀을 근본적인 조건이라 하고 모든 집착이나 분별의 경지를 떠난 무소득無所得의

상태에 있는 것을 중도라 한다. 『중론』권1「관인연품觀因緣品」에 연기의 이법理法은 생생生生・멸멸滅滅・단단斷斷・상상常常・일일一一・이이異異・거去・래來의 여덟 가지의 잘못된 견해(見解; 팔사八邪・팔미八迷・팔과八過・팔계八計・팔유八謬・팔사八事・팔미八迷의 戲論)를 타파하여 공空의 진리를 밝힌 것이다. 만유萬有는 그 연기의 도리에 순응하여 존재하는 것이므로 원래 팔사八邪를 여의었으며, 실체가 없어 집착의 대상이 될 수 없음을 밝힌다. 이와 같이 팔사가 떨어져 무득정관(無得正觀; 無所得의 바른 見解)에 주하는 것을 중도라 하고, 이것을 팔불중도八不中道・팔불정관八不正觀・무득중도無得中道・팔불중관八不中觀이라 한다. 여기에 팔불八不이란 생멸生滅 등의 팔사八邪를 부정하는 불생不生・불멸不滅・부단不斷・불상不常・불일不一・불이不異・불거不去・불래不來를 가리킨다. 이에 의하여 모든 사집邪執이 파멸되어 제법이 그대로 실상實相인 도리가 나타난다. 팔불八不 중에서도 불생・불멸이 그 근본이다. 특히 팔불은 모두 궁극적으로는 불생이 팔불 속에 들어갈 수 있다고 한다.

삼론종三論宗은 팔불중도의 설에 입각하여 세 가지 중도를 주장한다. 즉 『중론소中論疏』권1에는 팔불중도를 이제二諦에 관계시켜 설명한다. (1) 인연因緣에 의해 거짓 존재하는 현상면으로 말하면, 모든 사물은 실체가 아니고 공空이면서 거기다 거짓 현상으로 존재하므로 무생멸無生滅의 생멸이니 생生이나 불생不生이라고 할 수 없다. 이것을 속제중도俗諦中道·세제중도世諦中道라고 일컫는다. (2) 사물의 진실한 실재의 측면, 곧 본체 면으로부터 말하면, 모든 사물은 거짓 현상으로 존재하면서 또 그 본체는 공空이기 때문에 생멸의 무생멸無生滅로서 불생不生이라고도 비불생非不生이라고도 할 수 없다고 하여 이것을 진제중도眞諦中道라고 한다. 이 두 가지를 이제각론중도二諦各論中道라고 한다. (3) 그렇지만 무생멸無生滅의 생멸, 생멸의 무생멸이란 실은 생멸도 아니고 무생멸도 아닌 언어와 사려를 여읜 구극적인 공空이라고 하여 이것을 이제합명중도二諦合明中道·비속비진중도非俗非眞中道라 일컫는다.

진공묘유眞空妙有

진공은 허무(偏空)가 아니고 공을 발견하는 것은 진실을 발견하는 것이다. 진공은 편공편유偏空偏有의 반대로, 즉 공空에도 유有에도 치우치지 않는 것이고, 따라서 진공眞空과 묘유妙有는 따로따로의 것이 아니다. 참된 공空은 보이지 않는 묘한 존재를 함유하고 있다. 진실된 공은 묘하게 현상의 생성 전개가 되는 인연의 이치를 말한 것이다. 진공 속에 그대로 묘유이다. 이것을 진공묘유라고 한다. 이것이 현대물리학의 진공개념과는 구별되는 개념이다. 모든 존재(五蘊)는 여러 가지 조건(因緣)에 의존하는 것이기 때문에 실체實體가 없고 자성이 없는 것이다. 그러나 임시로 존재하는 것(有)이지만 세간적인 관용의 세계에서는 그 존재성을 인정하고 주장하는 현상계이다.

참고문헌

『중아함경권』 54, 『잡아함경』 권10, 『증일아함경』 권25, 27, 30, 35, 『십이
　　품생사경』, 『대승본생심지관경』, 『분별성제경』, 『정법염처경』, 『남본열
　　반경』 제36, 『금강경』, 『출요경』, 『대반열반경』, 『대승무량장엄경』, 『대
　　품반야경』, 『소품반야경』, 『보요경』, 『유마경』, 『법화경』, 『화엄경』, 『라
　　마가경』 권상, 『대위덕다라니경』, 『무량수경』, 『복력태자인연경』

『대반야경』 ①~②, 동국역경원, 1993,

『마하반야바라밀경』 ①, 동국역경원, 1996.(→『바라밀경』 ①로 약칭)

『대승아비달마집론』, 『유가사지론』, 『대비바사론』, 『십주비바사론』, 『성실
　　론』, 『구사론』, 『중론』 , 『번역명의집』, 『반야바라밀다심경유찬』, 『반야
　　심경약소』, 『청관음경소천의초』, 『대반열반경의기』, 『조론肇論』, 『대일
　　경소』, 『유가사지론석』, 『석마하반야바라밀경각의삼매』, 『금강반야론회
　　석』, 『법화론』, 『중관론소』, 『인왕호국반야바라밀다경소』, 『대지도론』,
　　『반야심경약소연주기』, 『화엄경소』, 『천목명본잡록』, 『법화경문구보정
　　기』, 『자지기』, 『열반경종요』, 『중변분별론』, 『반야무지론』

덕청德清, 『반야심경직설』

최범술, 『원효대사 반야심경복원소』, 다솔사, 1972.

전관응 감수, 『불교학대사전』, 홍법원, 1988.

운허용하, 『불교사전』, 동국역경원, 2004.

李智冠 편, 『伽山佛敎大辭林』, 가산불교문화연구원, 1998~현재

金吉祥 편,『불교대사전』, 홍법원, 2011.

吉田龍英,『佛教哲學入門』, 青梧堂, 昭和 17년.

德山暉純,『般若心經手帖』, 木耳社, 1990.

多屋賴俊 外2人 編,『佛教學辭典』, 法藏館, 昭和 54년.

龍谷大學 編,『佛教大辭彙』, 富山房, 大正 3~11년

望月信亨 編,『望月佛教大辭典』, 世界聖典刊行協會, 昭和 8~11년

大正新修大藏經

卍續藏經

日本国訳一切経

글쓴이 ● 이광준

동국대학교 졸업, 고려대학교 석사, 일본 고마자와대학(駒澤大學) 심
리학 박사.

백상창신경정신과 임상심리실장, 한림성심대학 교수, 일본 국제일
본문화연구센터 외국인 연구원(교수), 하나조노대학(花園大學) 국제
선학연구소 연구원, 류코쿠대학(龍谷大學) 강사, 류코쿠대학 세계불
교문화연구센터 객원연구원 역임.

현재 동서심리학연구소 소장으로 있으면서 불교심리학과 태아학 연
구에 전념하고 있다.

저서로『붓다의 법담학 연구』,『한국적 치료심리학』,『일본, 그 문화와
사회』,『카운슬링과 심리치료』,『漢方心理學』,『佛敎의 懺悔思想史』,
『韓日佛敎文化交流史』,『法華思想史』,『카운슬링에 있어서의 선심리
학적 연구』외에 다수의 논저와 역서가 있다.

반야심경 제대로 공부하기

초판 1쇄 인쇄 2021년 6월 1일 | 초판 1쇄 발행 2021년 6월 7일
글쓴이 이광준 | 펴낸이 김시열
펴낸곳 도서출판 운주사

  (02832) 서울시 성북구 동소문로 67-1 성심빌딩 3층

  전화 (02) 926-8361 | 팩스 0505-115-8361
ISBN 978-89-5746-655-1 03220   값 12,000원
http://cafe.daum.net/unjubooks 〈다음카페: 도서출판 운주사〉